U0724231

青少年超级右脑开发

李源记忆心理研究室◎主编

吉林出版集团股份有限公司

图书在版编目 (CIP) 数据

青少年超级右脑开发 / 李源记忆心理研究室主编.
-- 影印本. -- 长春 : 吉林出版集团股份有限公司,
2012.6
（读好书系列）
ISBN 978-7-5463-9670-5

Ⅰ.①青… Ⅱ.①李… Ⅲ.①青少年—智力开发
Ⅳ.①G421

中国版本图书馆CIP数据核字(2012)第118349号

青少年超级右脑开发
QINGSHAONIAN CHAOJI YOUNAO KAIFA

主　　编　李源记忆心理研究室
出 版 人　吴　强
责任编辑　尤　蕾
助理编辑　杨　帆
开　　本　710mm×1000mm　1/16
字　　数　100千字
印　　张　10
版　　次　2012年6月第1版
印　　次　2022年9月第3次印刷

出　　版　吉林出版集团股份有限公司
发　　行　吉林音像出版社有限责任公司
地　　址　长春市南关区福祉大路5788号
电　　话　0431–81629667
印　　刷　河北炳烁印刷有限公司

ISBN 978-7-5463-9670-5　　　　定价:34.50元

前　　言

学习效率的革命，是文明高速发展的迫切需要。

我们将此书叫作《青少年超级右脑开发》，是因为它的主要内容面向所有想要高效学习的青少年学习者。它是一本有关在知识爆炸年代，我们应以怎样的方式面对如潮而至的知识信息并进行高效学习和处理的书，是我们发起的一场学习效率的革命。

以下内容需要大家特别注意：

书中我们并非只谈论高效、快速学习的知识教育，还从心理学所涉及的各个层面，来向大家介绍一些处理日益增多的知识信息的方法，希望大家可以透过"学习"文字的表面来进行一些深层次的理解。

超级记忆术应时代而生：

记忆的任务和方式需要改变

在科学技术飞速发展的今天，人们的学习也要更加科学化。在人类知识成倍增加和知识陈旧率不断上升的今天，学习的任务并不是死记硬背一大堆词句，而是如何能快速记住学习的要点，并在需要的时候能顺利地提取运用。人们如何以最少的精力掌握应该掌握的材料，才是研究学习的学问。

量的积累方能产生质的飞跃

现在还有一种贬低记忆作用的偏见，认为当今是要求培养具有创造能力人才的时代，不应强调记忆，应该注重创造性思维的培养和发展。这种似是而非的看法，实际上把记忆和思维对立起来了。要知道，没有记忆为思维活动提供足够的材料，思维的活动效率就会极大地降低。很难设想一个知识经验很贫乏的人会有高效率的思维活动，会获得丰富的思维产物。而且反过来

说，记忆效率的提高也有赖于思维活动的积极参与。

如果光记不思，必然茫无所得；如果光思不记，结果也是很危险的。不要把记忆等同于死记硬背；相反，科学的记忆正是要反对死记硬背。

只有使用最科学、巧妙、愉悦的学习技巧，才能将我们的才智最大限度地展示出来。

世界在变革，中国在变革，工作、生活的美好度及理想的达成要如何实现，全都是需要重新考虑的问题。

无数的证据显示，我们每个人都有必要以自己高效的学习方式去进行学习，但方式的寻找也需要机遇，而当机遇摆在我们面前时，又该怎样去把握它呢？

目　　录

1

第一章　有效了解你的左右脑

第一节　神奇的大脑

当今科学研究表明，不同的人的大脑在构造上并无多大的差别，之所以会有"天才"与"普通人"之分，其原因就在于能否将自己大脑的潜能充分地运用和开发出来。

作为万物之灵的人类，拥有一颗神奇的大脑。人的大脑平均重 1 300g，占人体总重量的 2.5% 左右。

大脑是人类的思维器官，它的结构和功能都十分复杂。人的智力和脑有着很大的关系。从进化的角度看，动物发展得越高级，其脑重量与体重之比就越大。例如：鲸的脑重是体重的 1/10 000；狮子的脑重是体重的 1/550；大象的脑重是体重的 1/440；猴子的脑重是体重的 1/90；而作为万物之灵的人的脑重是体重的 1/40。

人的大脑由上千亿个脑细胞构成，其中有 850 亿个是活跃的神经细胞。每个细胞可生长出多达 2 万个树枝状的树突，用来存储信息，并通过神经细胞中细细的轴突，与其他细胞连接来传递信息。大脑细胞中树突和轴突的数量之多，简直令人难以想象。如果把所有脑细胞的树突、轴突连接起来，其长度相当于从地球到月球距离的 4 倍。

大脑神经功能细胞之间每秒钟可以完成的信息传递和交换高达 1 000 亿次。任何一架计算机要在结构上造得像大脑组织那样紧密都是不可能的，因此任何一台与大脑能力相当的计算机，其体积即使不像一座摩天大楼，也得占据相当大的一幢办公大楼。根据科学研究，人脑约有 850 亿个神经元，容

量为 1 000 万亿信息单位。假定一个汉字为 10 个信息量，一个人每小时读 1 万字，一天按 8 小时计算，则 1 000 万亿信息量就相当于一个人读 342 万年所接受的信息量。也就是说，人脑的脑力够一个普通的人用 342 万年。美国学者指出，大脑可以贮存 5 亿本书的信息，相当于世界上最大的图书馆——美国国会图书馆藏书的 50 倍。人脑的贮存能力可达到同时掌握 6 门外语、上两所大学、熟记百科全书 10 万条词目内容的程度。处于激活状态下的大脑，每天可以完整地记住 4 本书的全部内容。

由此可见，大脑蕴藏了无比巨大的潜能。那么，我们在平常的生活中，对这与生俱来的宝藏开发利用了多少呢？美国的心理学家奥托·克兰伯格（Otto Klineberg）认为：“在正常情况下，一个人所发挥出来的能力，只占他全部能力的百分之四。”也就是说，你如果具有能够轻松地完成相当于你目前的全部学习量或工作量的 150% 的学习和工作能力，也不过仅仅用了你所拥有的全部能力的 1/10，而你已经表现得像一个超人了！

21 世纪的第一个诺贝尔生理学或医学奖颁给了在人脑研究方面做出杰出贡献的科学家，这无疑预示着“脑科学时代”的到来。脑科学，狭义地讲就是神经科学，是用多学科的手段综合研究脑的正常功能和脑疾病机制的一门学科。开展脑科学的研究对揭开脑功能的奥秘、防治阿尔茨海默病等神经系统疾病、研制新型人工智能、开发人的智力水平、认识人类自我等都有重要意义。美国、日本及欧洲一些国家早在十年前就开始制订脑科学研究的长远计划，并称 21 世纪是“脑科学时代”。

当前世界范围的脑科学研究主要致力“知脑、保脑、创脑”三个方面。

第二节　脑的发育和分化，在很大程度上取决于后天的各种因素

有人从分化发育的角度，将脑内神经细胞分为两种类型，分别为第一类细胞和第二类细胞。第一类细胞主要指一些大的神经细胞，这些细胞在胚胎发育过程中成熟和定型都比较早，在人的一生中变异较小。因此，这一类神经细胞的发育主要受到遗传基因的严格控制，构成了脑和脊髓总的框架。第二类细胞则主要是脑内较小的神经细胞，突起较短，分化和定型都比较晚，

脑内的局部联系和精神结构主要由这类细胞实现。婴儿出生时，脑内绝大部分神经细胞已经形成。但是，突起的产生，特别是树突的产生、突触的形成和细胞间联系的建立，出生后还在继续进行，甚至在一生中都在进行。研究表明，第二类细胞容易受环境、营养、激素等的影响。

由此可见，人脑具有很大的可塑性。先天的遗传因素固然是十分重要的，它决定着脑的发育方向和大的轮廓和框架。但是，遗传并不是唯一起作用的因素。脑的精神结构和机能特性的发育和分化，在很大程度上取决于后天的各种因素。因此可以这样说，人脑之所以成为人脑，是由遗传决定的；但是成为什么样的脑——是优秀的脑还是平庸的脑，是智慧的脑还是愚笨的脑，则与环境、营养、学习训练，乃至社会文化背景等都有关系。

第三节　人的两脑分工

在美国，荣获 1981 年度诺贝尔生理学或医学奖的罗杰·沃尔科特·斯佩里（Roger Wolcott Sperry，以下简称"斯佩里"）博士做过一个著名的实验。

斯佩里博士切断被实验者左右脑连接部的脑梁，然后挡住其左视野，在其右视野放上画或图形，被实验者可以使用语言说明图形或画上的东西是什么。可是，如果挡住右视野，在左视野显示数字、文字、实物，哪怕是读法很简单的数字、文字、实物，被实验者也不能用语言说出它们的名称。

通过实验，人的两脑的分工情景变得清楚了。如前所述，左脑有理解语言的语言中枢，而右脑有与之对应的接受音乐的音乐中枢。这一点，从左、右脑的外形差别便一目了然。左脑与人的意识相连，如果打击左脑，人的意识会立即变得模糊。

右脑支配左手、左脚、左耳等人体左半身各器官的神经和感觉，而左脑支配右半身的神经和感觉，正如实验中所表明的，右视野同左脑相连，左视野同右脑相连。因为语言中枢在左脑，所以左脑主要完成语言、逻辑、分析、代数的思考、认识和行为，而右脑则主要负责直观、综合、几何、绘图的思考、认识和行为。

中央电视台曾播放过一次现场直播表演：一位青年书画家，他用左手作

画，右手写书法，龙飞凤舞，左右开弓。画图是非线性的直观行为，所以是右脑发挥作用，指挥左手完成；而右手写书法（诗词），需要完成记忆性的语言和思维，所以是左脑指挥右手完成。这个例子生动地说明了左、右脑的分工情况。所以，日本著名右脑专家春山茂雄形象地把左脑称为包含感情的"自身脑"，把右脑称为继承祖先遗传因子的"祖先脑"。

由斯佩里等人的研究，我们得出以下的结果：左脑支配右半身的神经和感觉，是理解语言的中枢，主要完成语言、逻辑、分析、代数的思考、认识和行为，它进行的是有条不紊的条理化思维，即逻辑思维；右脑支配左半身的神经和感觉，是没有语言中枢的"哑脑"，但有接受音乐的中枢，主要负责可视、综合、几何、绘画的思考、认识和行为，也就是负责鉴赏绘画、观赏自然风光、欣赏音乐，凭直觉观察事物，纵观全局，把握整体。人类社会正在进入计算机时代，计算机是人脑功能的延伸和加强，承担的恰恰是左脑的工作。这方面典型的例子是美国的"两个比尔"：比尔·克林顿和比尔·盖茨。由于大脑左右的优势的不同，他们以自己不同的方式影响着世界。

比尔·克林顿情感丰富，善于与人沟通，这证明了他的右脑极其发达；比尔·盖茨分析问题逻辑严密，对数学有特别的兴趣，这证明了他的左脑极其发达。两个比尔同样聪明，同时影响着世界，只是方式不同，这可以从他们的大脑中找出理由。

第四节　可以亲自参与的实验：左脑和右脑的差别

有不少读者从许多出版物中了解到左脑和右脑有着不同的功能，但很多读者至今仍不清楚左脑和右脑的区别。现在让我们来做个实验，一起来体验左右脑的差别。

实验一：步骤 1，将一些东西放在你正前方 50 厘米处，闭上左眼，用右眼凝视 3 秒钟；步骤 2，将双眼先闭上，然后想一想都有些什么东西，也许你能想起来一些东西，但不能准确地说出它们的名称；步骤 3，闭上右眼，用左眼凝视 3 秒钟，然后努力去想一想都有些什么，也许此时你能说出它们的名称，而且形象比步骤 2 清楚一些。因为左视野连接右脑，右视野连接左脑，此时你就可以体会到左脑与右脑识别形象时的差别了。

实验二：拿一只托盘，里面放着汤匙、牙刷、起子、钱包、线团、剪刀、回形针、通讯簿、直尺、玻璃片、铅笔、漏斗、橡皮、刷子、别针、围棋子、钥匙、纽扣、钉子等 19 种东西。

请你用 1 分钟观察托盘，然后说出托盘内各种东西的名称。

如果你是按用途顺序回忆这些东西的，如铅笔、直尺、剪刀、别针、刷子、起子、钉子……，或者是由别针想到线团、剪刀，由漏斗想起玻璃片等，那么表明你的左脑记忆占主导，记得越多，优势越大；如果你是按形状分类来叙述这些东西的，如直尺、铅笔、牙刷、起子、刷子等，那说明你的右脑记忆占主导，记得越多，优势越大。

测试表明，按形状分类回忆的人在观察 1 分钟后说出东西的个数，要比按用途顺序观察的人说出的个数多。也就是说，善于用右脑思考的人比较容易把握许多模糊不清的事物的细节，用左脑思考事物的细微末节的能力就略逊于右脑，反之亦然。

实验三：同时使用两台录音机，以同样的音量和读题速度，让两个耳朵同时听不同的计算题，听毕立即在纸上计算。用这种方法做完一组后，将两盘磁带交换一下，然后打开录音机，再做一轮计算。全部完成之后，比较左右两组的正确率，极有可能是右耳听到的题的正确率较高。

这个实验证明，人的左右两个大脑的功能是不相同的。

实验一和实验二是通过人的视觉功能验证左右脑的区别。实验一表明，左眼凝视物体时比右眼更准确，实际上这是人的右脑的功能在发挥作用。实验二表明，当人直视一个物体时，该物体的左右两侧也会模糊地进入人的视觉范围，这就是左视野和右视野。看到左视野中图形的是人的右脑，而看到右视野中图形的则是人的左脑。通过实验一和实验二，可以说你的右脑得到了开发。

实验三则是通过听觉来验证人的左右脑的区别。为什么右耳较左耳听到的题目的答案准确率高呢？这是由于右耳的声音进入左脑，左耳的声音进入右脑，左脑是语言中枢，具有理解和记忆语言的功能。也就是说，当左右两耳同时收听算术题时，从右耳听到的声音直接到达语言中枢，能使人迅速弄清楚题目的意思。

通过亲自做实验，你可能明白了人脑左右两部分的区别。人脑左右两部分的分工已被现代脑科学、心理学揭示和证实。对于现代社会许多成年人来说，长期过分使用左脑，其宝贵的右脑资源被"闲置"浪费，并慢慢地"折旧"为零，造成自己用脑不平衡，并失去右脑功能中创造、创新、创意等一系列强大的智慧能量，失掉在人生竞技场中出奇制胜的利器，这是一件十分令人遗憾的事情。

第五节　大脑越用越健康

大脑和人体各种其他器官一样，越用越"灵"。国内外许多著名的科学家、作家和政治活动家，年逾80甚至90，仍能保持清晰的头脑，精力充沛地著书立说，这与他们终生勤奋思考是分不开的。

大脑是人体的最高指挥机关。我们知道，大脑的脑细胞大约有上千亿个，它们组成了各种中枢神经，分管运动、感觉和智力等。人的脑细胞数在20岁以前不变，20岁以后，脑细胞每天死亡10万个左右，到80岁时就能减少20岁时的37％。脑细胞数不仅与人的年龄有关，而且还与每个人脑细胞活动的情况有关。年轻时不太肯用脑的人，脑细胞死亡数量就会增加，头脑容易"失灵"，脑功能逐渐减退。因此，年轻时应发奋学习，勤于思考，记忆大量

的知识，这对提高大脑功能，增加我们的聪明才智，是极其重要的。

第六节　养成科学用脑的良好习惯

世界上最神奇的东西莫过于人脑，而人脑的最大奥秘莫过于思维，思维作为一种重要机能，毫无疑问也是建立在脑的结构和机能特性的基础上的。脑具有可塑性，因此人们有可能利用这种特性使脑的发育避开不利的方向，并注意脑的卫生保健和用脑的科学性。怎样才能养成科学用脑的良好习惯呢？

一、利用最佳用脑时间

人在一天的 24 小时中，每个时刻都可以用脑，但有时效率好，有时效率一般，有时效率不好。在最佳时间内，大脑皮层处于适度兴奋状态，最容易形成优势兴奋中心，最容易建立条件反射，因而注意力集中、观察力敏锐、思维活跃、想象力丰富、逻辑推理严密、记忆力强、创造力旺盛。

科学工作者发现，人的脑细胞是有兴奋周期的。有的人凌晨、早晨兴奋，用脑效率高；有的人正好相反，晚间用脑效率高；有的人全天用脑效率差不多，但也有两个相对高峰，一个是上午 8~10 点，一个是下午 4~6 点。因此，我们要善于利用自己的最佳用脑时间，接收信息、储存信息、进行联想，学习艰深的知识，解决复杂的问题，发挥创造性思维。许多人是没有有意识地选择用脑时间的，如果能根据实际情况有意识地进行选择，就可能更接近最佳用脑效率了。

二、科学安排用脑计划

在一生中，大脑有进行学习和创造的最佳年龄；在一天中，大脑也有最佳用脑时间。要想在最佳年龄内，抓紧利用每天的最佳用脑时间，尽力创造最佳用脑条件，取得最大的用脑效果，就要有计划性。

计划有长安排、中安排、短安排。长安排是指对自己的一生做一个大致的安排；中安排是指对几年之内或一年之内要做什么事，用什么时间做，做一个大致安排；短安排是对一个月、一周、一天、一小时如何利用，做精细

的安排。安排得当就会有条不紊，经常做到在预定时间内做计划之内的事，大脑就会像一艘军舰，按照预定航线、预定时间，有准备地开向目的地，速度快、耗费小、效率高；安排不当将杂乱无章、效率低，甚至做些无效劳动，一事无成。

每个人智力发展的特点能不同，安排的计划也不一样。在我国，一般来说，人们在25岁以前的生活重点是学习，但不能放弃创造的可能性；25岁以后的生活重点是工作和创造，但不能停止学习。短安排最重要的是制定好每日的日程表，安排好每天要做什么事，切实把重点和最费脑筋的工作放在最佳用脑时间去做，把次要的事情放在次佳用脑时间去做，而把处理零星杂事等不重要的事情放在脑力不好的时间去做。如果在脑细胞处于抑制状态时才去思考、探索和创新，就是颠倒了主次，是在用脑计划安排上最大的失策。

三、注意维护大脑健康

大脑是一个人的"司令部"，它的神经细胞在正常活动时要消耗大量的能量，新陈代谢十分旺盛，身体需保证脑细胞的正常"物质供应"，即供应葡萄糖和氧气等物质。因此，我们要经常呼吸新鲜空气，包括做早操，经常打开门窗通风，不要蒙头睡觉，多吃营养丰富的食物，特别要多吃些含卵磷脂的食物，如麦芽、大豆、花生仁、嫩牛肝、精牛肉、鸡蛋等，以便增强脑细胞的功能。

大脑也会疲劳，只是由于学习时情绪处于兴奋状态，我们常常不易觉察大脑的疲劳。大脑疲劳引起的最显著的后果，是破坏学习时的良好状态，导致学习效率降低。因此，我们要合理安排学习、文体活动和休息睡眠的时间，严格遵守作息制度。长期坚持下去，就会使大脑皮层形成一系列时间性的条件联系，使整个生理活动按照一定的时间规律进行，这样能提高神经系统的功能和活动效率，有利于健康。

四、变"左脑学习"为"双脑并用"

生理学、心理学已有大量资料表明，人的大脑的两半球在功能上虽有不同的优势，但右脑存在的潜力约为左脑的10万倍。而现在以左脑为主的生活学习的方式使用的能量还不到个人大脑总能量的1%，如果在学习中能够左

脑与右脑协同活动，其效率会增大 5 倍、10 倍，甚至更多。因此，我们要变"左脑学习"为"双脑并用"，做到抽象与具体结合、想象与分析结合、直觉与论证结合、整体与局部结合，使左右脑都有发展的机会。

五、让多种感觉器官协同活动

研究表明，外界信息经过六条主要通道通向大脑，我们的学习也主要是通过看、听、尝、触、嗅、做等六种方式完成的。因此，在教学中要让学生的多种感觉器官协同活动，以便接收来自不同感觉通道的信息，在大脑皮层上留下更多"同一意义"的暂时神经联系痕迹。例如：学习语文、历史、地理等学科，要尽可能用手画出文中的情景并配上音乐，以及有联系的歌曲；在学习外语单词时，不仅要用眼睛看字形，还要用口念字出音，用耳朵听自己的发音，用脑子想着字义，并且用手写出来；学习数学、物理、化学等理科要注重画草图，进行实验操作。这样动用所有的感官去接收知识信息，就可以唤起右半脑的潜能与左脑"协同作战"，从而提高大脑整体的功能。

六、注意转换兴奋中心

脑生理学的研究表明，学习不同内容的知识，大脑皮层的兴奋点不同。因此，我们要注意变换学习方式和内容，要把文科与理科的学习穿插开来，要交替进行动脑筋的内容与动手的内容。这样可以使大脑在较长的时间内保持适度兴奋的状态和较高的学习效能。

七、使用潜意识学习

平日里，人从外界获得的信息和积累的经验存储在大脑内，成为潜意识。为了解决某一问题而形成的定向思维活动和行为，是潜意识的表现。调动潜意识、把握潜意识的规律、使用潜意识学习，对于开发智力、提高学习效率往往起到事半功倍的效果。

第二章　使用右脑改变你的一生

第一节　开发右脑刻不容缓

在相当长的一个时期内，学术界普遍认为左脑是占支配地位的优势脑半球，它不仅主宰语言功能，而且还支配其他认知功能，而右脑则完全从属于左脑，是"哑半球"。

现代脑科学证明，右脑的信息容量比左脑大得多，比目前最先进的计算机的信息容量还高 100 万倍。

右脑在认知方面也有左脑不可比拟的优越之处，如具体思维能力，对空间的认识能力，对复杂关系的理解能力，情绪表达和识别能力，纵观全局、把握整体的能力，右脑都优于左脑。

传统的教育教学方法偏重于阅读、书写、死记硬背、数学计算和理性思维。这些活动多集中于大脑左半球，故而形成左脑超负荷运载状态，右脑却"闲置"着，这就导致了人智力发展的缺陷。

美国学者托马斯·布莱克斯利（Thomas Blakeslee）认为：人类几千年的文明史，实际上已经在思维方式上经历两次重大的革命。

第一次是石器时代的"左脑革命"，即以语言文字的逻辑化思维充实直接自然的直觉式的形象思维。

第二次是 20 世纪 50 年代的"计算机革命"，这次革命扩展了人类抽象的逻辑思维能力，是"左脑革命"的进一步延伸。

现在，正面临着第三次革命，即吸收前两次革命的成果，形成"人机之间新型的协同关系"，使计算机与人的左脑和右脑三者之间形成一种"三向合

作关系"。在这种关系中，"右脑具有填补空白和产生直觉突破的创造性，……左脑可接近右脑的逻辑语言。计算机则以完备的准确性和比人脑快过上百万倍的速度，使左脑的能力得到延伸"。

第二节　右脑的五大"神通"

右脑究竟有哪些"神通"呢？美国得克萨斯大学教授阿格（Agger）指出：右脑最重要的贡献是创造性思维。右脑不拘泥于局部的分析，而是统观全局，以大胆猜测跳跃式地前进，得出直觉的结论。这种直觉思维常常能超越现有的情报信息，预知未来的发展趋势。在当今瞬息万变，变化趋势又千头万绪的时代，右脑的创造性直觉思维对于我们的生存来说尤其重要。阿格教授调查了美国 2 000 家成功的大公司的经理，发现他们中多数人具有较好的右脑直觉思维能力，在有些人身上，直觉思维甚至变成一种"先知能力"，使他们能预知未来的变化，帮助企业作出重大决策。

"右脑神通"的学说在美国风靡一时，特别是企业界，许多著名大公司，如通用电器公司、国际商用机器公司、壳牌公司、固特异公司等，都争先恐后地邀请行为科学家为经理人员举办发展右脑理智的研究学习班，希望右脑的"神通"能给企业带来经济效益。

科学家发现，大脑之谜在很大程度上就是右脑之谜。

第一，右脑是祖先脑。为什么要称右脑为祖先脑呢？因为，通过遗传因子留给后代的全部信息都被保留和储存在右脑之中。右脑储存的遗传因子随时随地都在"指导"后代该怎样做，不该怎样做，这也是右脑的主要功能之一。与右脑有别，左脑是储存出生以后所有信息的"自身脑"。

第二，右脑是无意识脑，是人类精神生活的深层基础。做梦、顿悟、灵感等"无意识"心理过程，主要依靠的是右脑的功能。

第三，右脑是节能脑。右脑不需要很多能量就能高效率地工作，这与它独特的处理信息的方式密切相关。右脑储存的信息的量是左脑的 10 万倍，这使得它处理信息的方式与左脑截然不同，右脑用表象思维，左脑用词语思维。右脑的信息处理机制是空间依赖的、同时的、并行的，左脑的信息处理机制是时间依赖的、序列的、串行的；右脑是形象的、直觉的，左脑是逻辑的、理性的；右脑是描述的、模拟的，左脑是分析的、数字的。

第四，右脑是行动脑。人类的行为，特别是大量情绪性行为，均处于右脑的控制之下。右脑的直觉判断不是以一个步骤接着一个步骤的方式达到的，而是顷刻之间达到的。右脑这种"整体审视、瞬间判别"的高度组织特性，有利于人类趋利避害、保存种群。

第五，右脑是创造脑。人类的创造之魂在右脑，右脑的祖传因子信息量 10 万倍于左脑的信息量，其迅捷高效的信息处理方式，使它具备了卓绝的创造天性。

第三节　开发右脑利于语感能力的培养

语感能力具有直觉思维特性，事实上，直觉思维属于形象思维的范畴，而汉字具有形象性特征，这就为语感能力培养实施形象思维提供了最基本的可行性依据。再从现代心理科学的研究来看，人脑对拼音文字的处理是分别由两个不同的部位来进行的，汉字具有"左视野优越性"，而左视野传入的信息主要由右脑处理，右脑主要储存图像，形象思维主要由右脑完成，而右脑与创造性思维的关系是最为密切的。因此，对于以培养创造性语文能力为目

标的语感能力培养来说，开发右脑，实施形象思维策略不仅有其可行性，而且有其必然性。

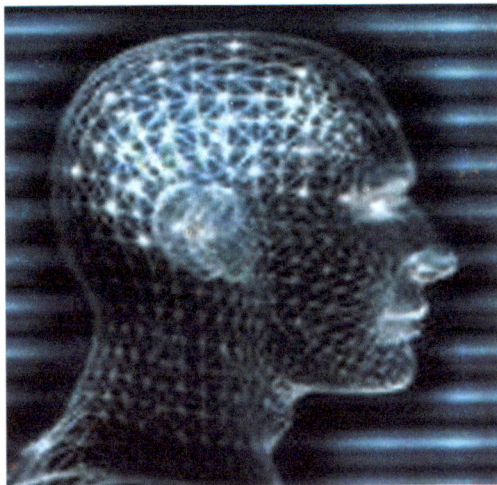

第四节　右脑是创新能力的源泉

自 1981 年美国斯佩里博士关于左右脑分工的理论获诺贝尔生理学或医学奖以后，各国竞相探索右脑智力开发，脑功能研究有了进一步的发展。脑科学家研究证明，右脑与创造功能密切相关。

如果你在日常工作和生活中，对某件困惑已久的事情突然有所感悟，或者突然豁然开朗，这就是右脑潜能发挥作用的结果。

人脑在进行记忆时，是将情景以模糊的图像形式存入右脑，就如同录像带的工作原理一样。信息是以某种图画、形象，像电影胶片似的记入右脑的。所谓思考，就是左脑一边观察右脑所描绘的图像，一边把它符号化、语言化的过程。所以，左脑具有很强的工具性质，它负责把右脑的形象思维转换成语言。

被人们称为天才的爱因斯坦曾经说过："我思考问题时，不是用语言进行思考，而是用活动的、跳跃的形象进行思考。当这种思考完成以后，我要花很大力气把它们转换成语言。"可见，我们在进行思考的时候，首先需要右脑发挥非语言化的"信息录音带"（记忆存储）功能，以描绘出具体的形象。

现代社会迫切需要的创新能力，或者说创造力是什么呢？它实际上就是把头脑中那些被认为毫无关系的情报信息联系起来的能力。这些并不关联的信息之间的距离越大，把它们联系起来的设想也就越新越奇。创造力就是对已有的信息再加工的过程。因此，假如右脑本身直观的、综合的、形象的思维机能发挥作用，并且左脑能够很好地配合，就会有崭新的设想不断产生。

第五节　"左脑人"将被电脑取而代之

当今人类左脑超负荷运转，右脑闲置浪费，思维趋同，做事时要么"一窝蜂"，要么"一刀切"。这种左脑思维模式大到对国家的产业结构、生产力布局，小到对企业或公司的投资方向和经营模式，乃至对每个人的心智模式和生活方式都会产生重复趋同、恶性竞争等不良后果。

在电脑迅速普及的今天，知识经济时代对我们每个人又提出了什么要求呢？简单地说就是"每个人都要能够学会计算机时代的大脑使用方法"。在前面我们讲到，人有左、右两个大脑，电脑恰恰能够代替左脑，如 Windows 系统，它能够很好地组织文字、编辑文章，替代人的左脑的部分语言功能。一开始，电脑就是为了代替人的逻辑、计算、语言处理和分析等功能而制造的，这些恰恰都是左脑的工作。随着电脑功能和软件技术的发展和升级速度的加快，电脑功能会远远超过人的左脑功能。

要想在竞争激烈的买方市场中有所突破，要想在济济人才中脱颖而出，要想使企业另辟蹊径并创造性地开辟新的发展道路，每个从事脑力工作的管理人员、企业家、策划师、销售人员等，都必须充分地活化、开发和使用自

己的右脑，必须把用脑方向转向电脑无能为力的创新策划、综合判断、制订计划、分析感悟和形象概括。由此可见，无论是否在现实生活中运用电脑，现代人都必须注意开发和使用右脑，活用右脑往往成为现代人突破困境、出奇制胜的犀利武器。

令人遗憾的是，在现实生活中，95％以上的人仅仅使用一半的大脑，即左脑。这是两方面的原因造成的：一方面，因为人体的自然生理属性，如前所述，各种分析、数字处理、记忆等都由左脑处理，所以造成人体的大脑左脑满负荷运作；另一方面，传统应试教育和"填鸭式"死记硬背的学习方法加重了左脑负担，所以传统教育培养了一大批只会循规蹈矩，缺乏应变能力、创造力的左脑型人群。在社会缺少变化的时代，左脑型的人也许还可以大显身手，但是随着市场竞争愈加激烈，电脑等高科技产品更加普及，不会使用右脑的人将面临同电脑"争饭吃"的窘况，生存空间将越来越狭窄。

第六节　开发右脑熟背《新华字典》仅用 100 小时

据 2001 年《金陵晚报》报道，一本收有一万多个汉字的《新华字典》，仅用 100 个小时就能达到熟练背诵的程度。这不是神话，而是让人叹为观止的事实。创造这一奇迹的，是济南市一位年仅 30 岁的青年，他叫韩升君。

中央电视台第四套节目播出王牌栏目《欢聚一堂》，韩升君被请上台。主持人手拿一本字典，随便说出一个字，韩升君当即就能准确地答出字在哪一页，并且还能说出这一页的全部内容。电视屏幕前，许多观众惊叹他为"天才""奇人"。

奇迹是怎样产生的，"天才"果真像人们猜测的那样神秘吗？记者近日在泉城济南独家采访了刚从北京归来的韩升君。

1988 年，18 岁的韩升君从济南市第四职业中专毕业，分到市图书馆工作。在图书馆工作的便利条件为他开启了一扇智慧之门，在这里他得以阅读了大量有关自然科学、哲学、实用记忆等方面的书籍。阅读这些书籍，为他以后研究、开发人类大脑潜能打下了基础。

1990 年，对保加利亚籍著名心理学教授罗扎诺夫所著的《超级记忆法》

一书的阅读，对韩升君产生了巨大的影响，使他对大脑潜能的认识有了一个质的飞跃。古代一些治学大师提出做学问要在思想上"复归于婴儿"，通俗地说就是发挥"灵性"，开发人类大脑（主要是指右脑）所潜在而又很难充分利用的能量。有些时候，人们分析推理判断半天得出的结论却不及灵光闪现的"第六感觉"来得直接和准确，这正是大脑的潜能在帮忙！意识到这一点后，韩升君茅塞顿开。

前面说过人的大脑分为左脑和右脑，左脑是自身脑，又叫后天脑，主管逻辑推理、判断、语言等，右脑称祖先脑，又叫先天脑，它负责处理图像、情感、节奏、音乐等创造性活动。左脑只承载人有生以来的资讯和信息，而右脑却拥有自有人类以来历代祖先500万年的资讯和信息，不过却以DNA的形式继承并潜藏起来，所以科学家认为右脑能量是左脑的10万倍。随着年龄的增长，左脑不断地接受限制性的信念、程式化的思维模式、僵化的思想观念，而右脑却长期处于"待业"状态。只要能整合左、右脑的优势，让它们"各司其职""各尽其责"有效地合作，达到完美的"全脑运作"状态，每个人肯定都会使自己的"学习力"倍增并身心快乐！

这个观点成熟后，韩升君精神为之一振。他发奋要总结前人的经验，创造一种与众不同的学习方法。从此，他开始投入对大脑潜能的研究之中……

从1990年开始，经过10年漫长时光的摸索、实践，韩升君逐渐探索出了一套提高记忆、学习的方法（为尊重知识产权，本文对此不过多涉及）。利用这套方法，一篇千字左右的文章他看两遍就能背诵，并且还能连标点符号都一个不差地写下来。

掌握了这套方法后，韩升君决心要试试自己的"能力"究竟有多高，他要做一件常人不敢想的事，"啃最硬的骨头"——背诵《新华字典》！

他每天拿出两个小时的时间，完全沉浸在1998年出版的《新华字典》之中。这本字典共收有一万多个汉字，仅正文就有666页，拿在手里，足有半块砖头重。观、思、诵、记忆、感受、储存……在普通人看来，字典是一堆枯燥的汉字的组合、繁杂的字义解释，但在他的意识里，666个页码就是666幅画面，画面里蕴藏着666个奇妙的故事。大脑所要做的是像摄像机一样拍摄并储存下这些画面和故事，今后需要的时候复制出来就行。50多天后，韩升君自信地放下了字典。此时，字典里的所有内容，都完整地"存"入了他

的大脑。

消息传出，几乎所有听到的人都大吃一惊。不相信的朋友要"考"他，专门拣出生僻字发问。结果，他不但马上报出字在哪一页，还能说出这一页码上的所有文字。

韩升君说："'超级全脑潜能学习法'就是研究探索如何'科学'和'艺术'地用脑，如何'过目不忘'，如何'快乐地学习和工作'，如何'化痛苦为快乐''化烦恼为智慧'，并且能够速成、实效、做得到，我本来也是凡夫俗子、肉体凡胎，今天发生在我身上的事情明天就会发生在你的身上，只要你激发心灵的潜能唤醒心中的'巨人'！"

第七节　开发右脑预防偏瘫

人的大脑就像一只核桃的仁，分为左右两个脑半球。大脑与神经系统的联系是交叉形式的，即左脑支配身体的右半部，右脑控制身体的左半部。当代生理学的研究表明：大脑的两个半球都具有高级的认识功能，只是有着不同的思维模式。左脑善于分析、抽象和计算，具有较强的时间观念，重视步骤顺序、动作语言表达，根据逻辑作出合理的结论，因而形成语言的、分析的、数字的、程序的、符号的、直线性的思维模式。而右脑则不同，人们用右脑来想象、虚构、感受、创造新的意念，形成另一种非语言的、综合的、具体的、形象的、直觉的思维模式。

然而，在现实生活中，右脑的锻炼机会要比左脑少得多，"右"已成为人们生活中的"主旋律"。绝大多数人执笔、吃饭等习惯于用右手，跑步、跳高、单腿支撑等习惯于以右腿为发力腿，连握手、提物，甚至用手示意也是右手向前……这种以"右"为主的生活方式，已经给人体自身带来了差别性的变化：左手不如右手有力和应变迅速，左腿的肌肉不及右腿发达、灵活等。无疑，右脑成了"双胞胎"中的弱者。

近些年来，国外科学家发现，有70％以上的脑出血患者的出血部位位于右脑，导致身体左侧偏瘫。其原因固然较多，但与长期习惯于运用右半身，使右脑的血管神经得不到应有的锻炼是有密切关系的。

　　科学家认为，人类要充分发挥自身的创造性，挖掘自己的智能潜力。在日常生活中应有意识地多用左手、左腿、左半身，应该让大脑右半球与左半球得到均衡锻炼，应当让左手、左肩、左腿分担劳动、工作、运动的重任。大量事实证明，多用右脑对人体是颇为有益的。世界上有很多艺术家、运动员都习惯于运用左手，他们思维活跃、反应敏捷，因而成果卓著。

　　美国加利福尼亚大学的科学家经过十多年的研究，试图找出尽快开发右脑的捷径，取得了引人注目的成果。他们采用右脑控制作画的方法，让学生画"颠倒素描"，或在绘画时只看被描绘的物体而不看笔下的形象，持续而不停顿，直至画成功。此法可使美术基本功较差的人也能较快掌握绘画技巧。其奥秘在于，理智的左脑拒绝接受处理颠倒而非直观的形象，它对这些信息困惑不解，因而把这一任务传给右脑，而这正是此法希望的。右脑模式正好适宜此类只可意会而难以言传的信息处理，从而达到转换思维模式的目的。

第三章　有效认识右脑开发

第一节　左脑抑制右脑运作

最近几十年间，日本补习业已有这样的定论：人脑在3岁以前完成60％的发育，6岁以前完成90％；右脑在3岁以前即达到发达水平，左脑则从4岁开始逐渐达到发达水平。右脑具有瞬间接收大量刺激的功能，加以训练的话，可以促使脑神经发达，扩大脑容量，进而有助于左脑的发育。针对这个理论，种种开发幼儿能力的教学方式应运而生。

"七田"式教育以刺激3岁前幼儿右脑能力为主，其学员虽然都是幼儿，可是老师以图片、录音和动作，在50分钟内给予恐龙、名画、星座、地理、国旗、成语等图像刺激，中间穿插着摆手体操、镊子夹豆游戏、生活英语和童谣等，每一个单元不超过3分钟，因为这是婴幼儿对一件事物感兴趣的时间极限。"七田"式这种连续刺激右脑的教学方式创始于十几年前，其他相似的教学方式则更多，估计有数十万幼儿在接受这种教学。

日本教育专家七田真教授上大学时，曾做过某中学生的补习老师。他的学生永远记不清5分钟前才教过的东西，这使他开始思索：人的才能是天生的，还是由后天教育而定的呢？经过40多年的研究与实践，七田真认为，所有人出生时都是天才，具有大自然所给予的不可思议的能力，只是在成长初期缺乏良好的环境把能力给引发出来，以致资质消失。天才的大脑功能来自右脑。

人类左右脑的思考方式不同：左脑主要以语文、逻辑性方式思考，右脑则主要以影像和心像思考。七田真认为，大部分人都用左脑思考，很少用右

脑方式思考。

他说，远古时代的人类左脑几乎不发达，但"心电感应"的能力却很强。唯有左脑抑制右脑的能力消失，左右脑可以灵活使用，才能成为全脑开发的人类。

根据七田真的著作，右脑有五项功能：

①ESP 能力：超感觉能力，不是靠一般的感觉器官，而是靠细胞、波动来感觉，所以能感应接收到宇宙的信息。

②图像化机能：看过、听过的事物可借由意象显现。

③超高速自动演算机能：一种高速大量的计算能力，小孩子能算出多位数乘法，就是因为右脑天生有这样的能力。

④共振共鸣机能：不需要进行严谨的五线谱练习，只要"打开"右脑听一遍演奏，脑海里尽量去想画面，这后就可流利地演奏音乐。

⑤超高速大量记忆机能：运用在语言学习方面，小孩子常听外语录音带，能讲四五种语言。

七田真的理论受卡尔·维特《才能递减法则理论》启发，他主张将右脑训练用在幼儿教育中，以图像、联想、配对等方法来增进儿童智能。0～3岁是右脑教育的黄金时期，左脑是填鸭式学习，充满艰难；而右脑已开发的孩子吸收能力强，学习就变得轻松愉快。

受过右脑训练的孩童，一般智商较高，为140~200，也具有以下特点。

①看到图像，就像摄影机一般将其印入脑中。

②文字及数字、符号，可用影像方式记入脑海，具有逆向的推算能力。

③直觉能力超强，有独特创造力。

④具有速读能力。

七田真在著作中，提起过对长子进行的早期教育，他的长子4岁时就能随意读书，画漂亮的水彩画，却不幸患病去世。七田真夫妻因过度悲痛而忽略了次子的早期教育，后来才醒悟过来。后来，七田真也在孙子身上实验了自己的教育方法。

第二节　年龄大了，还能开发右脑吗

　　生活中也许有这样的人，当他突然听到"右脑革命"这个概念时，会感到像学电脑和英语那样有一种压力。例如，他可能会认为自己三四十岁了，大脑随着年龄的增长逐渐衰退，现在开始锻炼已经来不及了。实际上，这是一种极大的误解，开发右脑潜力不应囿于年龄，任何人在任何时候都可以进行锻炼。的确，有许多人发现，40岁的时候记忆力开始逐渐衰退，有些正当壮年的人悲观地认为这是大脑衰退的表现，其实这只是单纯的脑细胞数量的减少，而脑的机能，特别是右脑机能并没有发生任何变化。

　　如果我们把人脑比作电脑，脑细胞组织是硬件，使用方法就是软件。人脑的硬件分三个阶段形成：第一阶段0~3岁，第二阶段4~13岁，第三阶段14~20岁。全部硬件的70％在第一阶段的3岁左右形成，到20岁大体上全部形成。这些硬件当然分为左脑硬件和右脑硬件，它们分别适合于自己的软件。我们灵活地运用大脑产生创造性的设想，实际上就是分别巧妙地用好左右两

锻炼右脑处理复杂事物的能力

部分硬件，使它们协调工作。

人上了年纪脑细胞衰退，是指包括左右脑在内的硬件逐渐衰退的情况，而大脑的软件部分还大有潜力，丝毫也没有衰退的问题。现代人接受了从小学开始的一套正规的左脑教育，所以左脑软件得到了充分的开发。其中，有不少人被填鸭式教育"撑"得够呛，可是右脑软件的开发程度还很不够，即使到了40岁，他们的大脑仍然大有开发的潜力。

从创造力和直观力来说，年龄越大，积累的资料就越多，重新组合的可能性也就越大。因此可以这样说，只要充分开发右脑软件，那么年龄越大就越容易产生新知独见。

任何人无论在什么时候都可以通过锻炼使右脑活化。从工作角度讲，年龄越大，就越需要具备右脑的能力。随着人们担任更加重要的职务，单凭左脑的逻辑推理能力已经远远不够，必须从整体上，从纷乱复杂的现象中，准确地把握问题的本质，这就需要有驱动右脑"软件系统"的能力。

第三节　右脑与生物节律

生物节律学说已广泛得到人们的赞同。生物节律指我们的身体、知性和感性都有一定周期。身体的周期是23天，感性的周期是28天，知性的周期是33天。前半期为高潮期，后半期为低潮期，交替日则是危险期。

大脑活动也有生理节奏，有人属于"早起型"，有人属于"夜猫子"，这是一种"概日周期"，即接近24小时的周期。对早起型的人来说上午身体最有活力，头脑最灵活；对夜猫子型的人来说则是黄昏。奇怪的是，左脑不会

受到这种周期的影响。例如，夜猫子型的人在早上头脑不灵活，难有创意产生。创意是一种想象力，由右脑掌握，这表明右脑在此时无法正常发挥。同样，在一年里春季多产生创意，宜开始执行一项需要想象力的任务。安排工作日程时应考虑大脑的生理节奏，有意识地在其高潮期考虑远景规划、新方法、新方案等，充分调动右脑的灵感和知觉，使自己的工作更有创造性。

第四节　合理睡眠利于大脑保健

睡眠作为生理需要伴随人的一生。每个人都要用1/3左右的生命来睡眠，以维持人体的一切活动。科学实验表明，失去睡眠将无法延续生命。

睡眠，从生理上讲，是人的大脑皮质细胞积极的抑制过程。大脑的某些神经中枢预告大脑皮质发生衰竭时，人体开始感觉困倦；随着衰竭程度的加重，人的困倦感愈来愈强；待大脑皮质细胞的这种扩散达到一定程度时，人就会"安然入梦"。这时，大脑皮质下层另一部分细胞仍然发挥着功能，以保证心脏跳动、呼吸、代谢等生理活动。

睡眠呈现慢波睡眠和快波睡眠两种状态，而且这两种状态的睡眠总是在周期性的交替中进行的。

慢波睡眠是以脑电图的低频波表示的，这是一种能为大脑的记忆活动提供物质基础的睡眠。慢波睡眠可以使大脑皮层活动降低、眼球静止、肌肉松弛、呼吸深慢、心率降低、血压降低。在慢波睡眠过程中，人体生长激素大量分泌，不仅促进肌体生长，还可以调节体内蛋白质、脂肪和糖类的新陈代谢，促进核酸蛋白的合成。

快波睡眠与慢波睡眠不同，其表现是眼球不停地无规则跳动，肌肉几乎完全松弛，呼吸浅快，睡相也很不安稳。这时，如果把睡眠者唤醒，他通常能立即说出他刚才正在做梦的内容。

慢波睡眠与快波睡眠相互交替构成人的整个睡眠过程。睡眠时，人们将较快地进入慢波睡眠状态，40~90分钟后，快波睡眠就会出现，持续10分钟到半小时后，又会进入慢波睡眠。以后每隔40分钟，慢波睡眠和快波睡眠就会交替出现，在一夜之间要反复交替多次。快波睡眠在整个睡眠时间中，占

20 ％~30 ％，幼儿可达 50 ％。

人一生中睡眠的长短规律是：儿童睡眠时间长（婴儿每天长达 15 个小时）；老年人睡眠时间短（一般 4~6 小时）；成年人 7~9 小时。睡眠时间随着人年龄的增长而逐渐缩短。

保持足够的睡眠，还不能单纯地理解为睡眠时间的充足，更重要的是高质量的睡眠。有规律的、足够而良好的睡眠能防止注意力涣散、情绪消沉及神志不清等心理失常现象的发生，也就防止了记忆力的衰退。

为了保证睡眠质量，我们除了按照人类逐渐形成的"日出而作，日落而息"的习惯规律昼醒夜睡，还要注意自己的睡眠环境是否有利休息。例如，室内光线、温度、空气流通情况、卫生情况及床铺情况（床是否舒适、被褥是否干净、枕头的高矮是否合适）等。

睡眠是人体生物节律的需要，也是消除一天疲劳的必要的休息。人脑在工作时，需要某种氮化合物，而这种物质只限于特定的时间内才能制造。脑生理学家发现，只有在睡眠的时候，人脑才能大量制造含氮化合物，为醒来做准备。从这个意义上说，睡眠对于人脑不仅仅是一种休息，而且是人体的生理需要。

科学家的研究和实验证明，在学习后立即入睡能促进记忆。这是因为，在睡眠期间能够影响大脑的外界刺激和干扰显著减少，使原来的记忆和知识能很快地保存下来。因此，在晚上临睡前可以将白天所学的知识材料做个概括的回忆，对较难记忆或重点的知识反复回忆几次，然后尽快入睡，第二天早晨起床后再回忆一次，以便加深自己的记忆。但是，睡前不能回忆那些容易使人激动的事情，以防止神经兴奋导致失眠。

人体在疲劳时，大脑细胞的活动能力大大降低，记忆力也随之下降，学习效率会受到严重影响。了解这一点，对那些在临考前拼命"开夜车"的青少年来说尤为重要。事实证明，许多考试前熬夜苦读的同学，考试成绩并不好。与其弄得疲倦不堪，还不如上床睡觉，美美地睡上一夜，第二天早晨起来以后会精神焕发、头脑灵活，记忆效率反而会提高。

第五节　乐观情绪保健术

情绪是人们因需要获得或未获得满足而产生的喜欢、愤怒、悲哀、惧怕、爱慕、憎恶、欲望等情感。

情绪不但受人个性的制约，也受客观事物的影响，所以人的情绪是十分复杂的。比如高兴，有的人眉开眼笑，有的人欣喜若狂，有的人强装笑脸，有的人苦笑、假笑、皮笑肉不笑，有的人甚至笑里藏刀。如果情绪一旦与情感相联系则更为复杂，有些简直难以用语言描述出来。

人的情绪充分表现在表情、姿势、语调等方面，如人愤怒时会呼吸急促、心跳加快、双眉倒竖、咬牙切齿、身体颤抖、指手画脚、高声大叫、声嘶力竭……这是情绪产生时，人体内部会发生一系列的生理变化，使呼吸循环、肌肉组织、外部腺体、内分泌及代谢过程等产生相应的表现，从而导致人的表情、姿势和语调等与正常情况不大一样，由此可见情绪对人的影响之大。由此，笔者联想到几年前一个朋友患病住院治疗，被诊断为癌症。本来能走能动的他突然瘫痪。领导要求他去大医院就诊。就诊后将一张假诊断书让他过目，使他相信原医院误诊，他一下子从病床上跳下来说要找大夫致谢，说他本来就不相信原医院的诊断。第二天他就和护送他的几名同事有说有笑地返回家中并很快上班工作，还经常把这次"误诊"当作笑话讲给别人听。不幸的是，妻子和女儿的一次谈话被他无意中听到，联想到妻女近来情绪上的变化，他向妻子逼问实情……后来的结局是他又一次垮下来，陷入极度的悲观绝望之中，并很快离开了人世。这也正是某人被确诊为不治之症后，他的亲人或朋友一般不会把真实病情告诉他的原因。这说明人们已经对情绪的强大力量有了充分的认识。

情绪几乎参与人们的一切活动，对人的大脑功能和记忆力都有着重大影响，如过度的紧张、恐惧、悲伤、愤怒或"范进中举"式的乐极生悲，都会造成大脑皮层细胞的应急性抑制，会使人的思维、记忆失常，甚至能使一个正常人变成白痴或精神分裂症患者。

在积极乐观的情绪状态下，人的大脑皮层细胞处于活跃状态，它对皮层的调节、控制机能相对增强，使整个神经系统及其控制下的各部器官运动统一、高度协调。在这种状态下，人的注意力、思维力、观察力和记忆力会高速运行，此时学习的知识会深印脑海，久久不忘。

乐观情绪的保持，除了加强自身的思想修养、文化修养，还要正确对待失败与挫折，把它视为前进路上必然存在的困难，视为正常现象，相信永远一帆风顺的事情是不存在的。这样一来，就会使我们以乐观、自信的情绪，经过坚持不懈的努力，攀登自己确定的目标。

乐观情绪的保持，还常常得益于自我暗示。运用自我暗示，可以调整自己的情绪和增强控制情绪的能力。除此之外，为了排解自己的消极情绪，诸如委屈、冤枉、伤心、愤恨、焦虑、悲痛等，还可采用向自己的亲人或朋友倾诉，找个空寂无人的环境大声发泄或痛哭一场，进行剧烈的体育锻炼等方式进行自我调节，目的都是使自己能尽快地从消极情绪中摆脱出来。

在这里，还要谈谈"焦虑"问题。焦虑也是人的情绪的一种反应，它基本上属于消极情绪，因为烦躁不安、如坐针毡的焦虑情绪与恐惧情绪只是程度上的差别。

焦虑作为一种情绪同其他状态的情绪反应一样，也有它的"程度"问题。比如生气，有的人生闷气，有的人发脾气，有的人气急败坏，《三国演义》中东吴的周瑜甚至被诸葛亮活活地气死。也就是说"生气"、焦虑的程度也可以分为较低、过高和适中三种状态。

一般说来，平时焦虑程度较低者不容易激动，这种人因情绪较为稳定，就学习效率而言要比焦虑程度高的人高，特别是在学习压力大的情况下，他

们的学习效率可以随之提高，而焦虑程度高的人学习效率反而降低。但是，焦虑程度较低的人因为情绪较稳定而缺乏紧迫感，往往不能取得良好的学习成绩，也不会是学生中的佼佼者，适中的焦虑程度才能发挥人的最高学习效率。

综上所述，保持乐观情绪对于科学用脑和增强大脑记忆力是非常重要的。既然我们已经认识到这点，也了解到情绪的好坏完全可以自己调节，那么就让我们永远保持积极乐观的情绪，以拼搏完成学业，以开拓对待工作，以微笑面对人吧！

第六节　花香健脑法

在书房或其他的学习环境里摆上兰花、茉莉、米兰花等，使空间充溢缕缕清香，可使学习者头脑清晰、精神振奋，有助于健脑提神、消除疲劳。

第四章　如何锻炼你的右脑

第一节　测试你的优势脑

如果你想了解一下自己用脑是偏重左脑还是偏重右脑，那么可以做下面的测验。

下面的这一系列检测题摘自日本的品川嘉也所著的《右脑使用与开发》，以供参考。

一、右脑度测验要点

（1）每题思考时间不超过 5 秒钟。

（2）必须回答"是"或"否"。

（3）对于因没有体验过而无法回答的问题，回答"都不是"。

二、右脑度测验题

1. 你是否认为母亲做的菜最好吃？

①是　　　②否　　　③都不是

2. 你觉得搞宴会、聚会很麻烦吗？

①是　　　②否　　　③都不是

3. 遇到你没吃过的新奇东西你想吃吗？

①是　　　②否　　　③都不是

4. 你喜欢在小吃店里闲谈吗？

①是　　　②否　　　③都不是

5. 你经常把看过的电影、电视的内容讲给别人听吗？

①是　　　②否　　　③都不是

6. 你记得住自己看过的电影、电视中的演员和特技摄影师吗？

①是　　　②否　　　③都不是

7. 你初次见到一个人时注意其服装、面容吗？

①是　　　②否　　　③都不是

8. 对初次见到的人，你有与平常不同的感觉吗？

①是　　　②否　　　③都不是

9. 你喜欢写文章吗？

①是　　　②否　　　③都不是

10. 比起写来你是否更喜欢对别人说？

①是　　　②否　　　③都不是

11. 上学时，每天若不按时学习你心情会不好吗？

①是　　　②否　　　③都不是

12. 上学时，你是否无计划地、随心所欲地学习？

①是　　　②否　　　③都不是

13. 小时候，你喜欢看图画吗？

①是　　　②否　　　③都不是

14. 小时候，你喜欢读传记、故事之类的书吗？

①是　　　②否　　　③都不是

15. 开始学电脑时，你是否先向别人请教或看说明书？

①是　　　②否　　　③都不是

16. 开始学电脑时，你是否想先摸摸键盘自己摆弄？

①是　　　②否　　　③都不是

17. 喜欢把自己做的梦讲给别人听吗？

①是　　　②否　　　③都不是

18. 自己做的梦总是模糊不清的吗？

①是　　　②否　　　③都不是

19. 喜欢自己做菜吗？

①是　　　②否　　　③都不是

20. 你对菜肴方面的知识很丰富并且对食物比较挑剔吗？

①是　　②否　　③都不是

21. 工作即使有些不顺利，也按原计划进行吗？

①是　　②否　　③都不是

22. 即使工作不按原计划进行，也要在期限内完成吗？

①是　　②否　　③都不是

23. 即使会议做出了结论，也为其结果担心忧虑吗？

①是　　②否　　③都不是

24. 会议上有了结果就放心了吗？

①是　　②否　　③都不是

25. 桌子上不收拾整齐就不舒服吗？

①是　　②否　　③都不是

26. 桌子上有点乱反而效率高吗？

①是　　②否　　③都不是

27. 参加过集体旅行吗？如没参加过，有机会愿意去参加吗？

①是　　②否　　③都不是

28. 喜欢自己制订计划去旅行吗？

①是　　②否　　③都不是

29. 你常同家人谈话吗？

①是　　②否　　③都不是

30. 你喜欢全家一起旅行、做游戏、进行体育活动吗？

①是　　②否　　③都不是

31. 你常常担心自己说话不妥吗？

①是　　②否　　③都不是

32. 你常常用玩笑来避开与对方的矛盾吗？

①是　　②否　　③都不是

33. 你喜欢赶时髦吗？

①是　　②否　　③都不是

34. 你认为赶时髦浅薄吗？

①是　　②否　　③都不是

35. 只见过一面的人，你也能记住其长相吗？

①是　　　②否　　　③都不是

36. 见到你认识的人却想不起其姓名时，你觉得难为情吗？

①是　　　②否　　　③都不是

37. 你读一本书一般是从头开始按顺序读吗？

①是　　　②否　　　③都不是

38. 你认为读书可以从你喜欢的地方读起吗？

①是　　　②否　　　③都不是

39. 新店开业时你想去看看吗？

①是　　　②否　　　③都不是

40. 你觉得在熟悉的商店里买东西，心里比较踏实吗？

①是　　　②否　　　③都不是

41. 作业一定要提前几天完成，否则就坐卧不安吗？

①是　　　②否　　　③都不是

42. 作业不到最后期限就做不出来吗？

①是　　　②否　　　③都不是

43. 如果有机会，你打算接触一下计算机或机器人吗？

①是　　　②否　　　③都不是

44. 公司推行电脑无纸化办公时你有压力吗？

①是　　　②否　　　③都不是

45. 工作计划、日程安排等一定要整理好才放心吗？

①是　　　②否　　　③都不是

46. 你是否认为计划、记录等是经常变化的，乱一点没关系吗？

①是　　　②否　　　③都不是

47. 你常读小说吗？

①是　　　②否　　　③都不是

48. 你喜欢诗歌、短诗等文体吗？

①是　　　②否　　　③都不是

49. 当你觉得开始读的书比较难时，你想收集有关资料吗？

①是　　　②否　　　③都不是

50. 即使是一本难懂的书,你也一定要坚持读完吗?

①是　　②否　　③都不是

51. 你喜欢唱卡拉 OK 吗?

①是　　②否　　③都不是

52. 你喜欢古典音乐、摇滚乐或爵士乐吗?

①是　　②否　　③都不是

53. 工作没做完就没心思去玩吗?

①是　　②否　　③都不是

54. 碰到有意思的事,即使耽误上课、工作,也要参加吗?

①是　　②否　　③都不是

55. 你会考虑新年联欢会或集体休假旅行的计划吗?

①是　　②否　　③都不是

56. 你认为组织新年联欢会或集体旅游有意义吗?

①是　　②否　　③都不是

57. 看展览时,你是一个一个地依次看吗?

①是　　②否　　③都不是

58. 去看展览时,只要有中意的你就会满意吗?

①是　　②否　　③都不是

59. 你有好几个异性朋友吗?

①是　　②否　　③都不是

60. 你认为异性朋友之间难以成为一般朋友吗?

①是　　②否　　③都不是

61. 旅行时,你是先制订好全程计划并安排妥当后才出发吗?

①是　　②否　　③都不是

62. 旅行时你是大体制订个计划就出发吗?

①是　　②否　　③都不是

63. 你很介意别人的言谈举止吗?

①是　　②否　　③都不是

64. 你是否认为评价一个人不能单凭礼貌举止?

①是　　②否　　③都不是

65. 打网球时，你喜欢（或擅长）用力击球吗？

①是　　②否　　③都不是

66. 打网球时，你喜欢（或擅长）轻打技巧球吗？

①是　　②否　　③都不是

67. 参加体育运动或业余爱好时你是否热衷到忘记工作的程度？

①是　　②否　　③都不是

68. 参加体育运动或业余爱好时，你也常常想到工作吗？

①是　　②否　　③都不是

69. 当你开始一项新的业余爱好时，会认真向他人或书本请教吗？

①是　　②否　　③都不是

70. 当你开始一项新的业余爱好时，一上来就动手干吗？

①是　　②否　　③都不是

71. 你每天仔细认真地看报纸吗？

①是　　②否　　③都不是

72. 你一般选择杂志上有意思的内容快速地浏览吗？

①是　　②否　　③都不是

73. 学生时代，你总是认真记笔记吗？

①是　　②否　　③都不是

74. 学生时代，你的笔记很乱、很简单吗？

①是　　②否　　③都不是

75. 你喜欢做小工艺品、根雕、木工活或是玩魔方吗？

①是　　②否　　③都不是

76. 你喜欢钓鱼吗？

①是　　②否　　③都不是

77. 你至今仍和学生时代的朋友交往吗？

①是　　②否　　③都不是

78. 对于背叛、欺骗过你的人，你绝对不能容忍吗？

①是　　②否　　③都不是

79. 当被派做一项工作时，你循前例而行吗？

①是　　②否　　③都不是

80. 当被派做一项工作时，你注重自己"一闪念"的想法吗？

①是　　②否　　③都不是

81. 你乐于思考围棋的布局吗？

①是　　②否　　③都不是

82. 你善于把围棋走活吗？

①是　　②否　　③都不是

83. 你乐于思考象棋的开局吗？

①是　　②否　　③都不是

84. 你觉得象棋、围棋的终盘有意思吗？

①是　　②否　　③都不是

85. 你喜欢电视中的无聊的东西吗？

①是　　②否　　③都不是

86. 你喜欢电视中的严肃剧吗？

①是　　②否　　③都不是

87. 你是否认为业余爱好会妨碍工作？

①是　　②否　　③都不是

88. 你想增加业余爱好吗？

①是　　②否　　③都不是

89. 学生时代，你擅长几何吗？

①是　　②否　　③都不是

90. 学生时代，你擅长代数吗？

①是　　②否　　③都不是

三、评分规则

首先按"是"每题 2 分，"否"每题 1 分，"都不是"每题 0 分的标准给你的答案打分，然后按照下表把 R 型题和 L 型题的总分算出来。

R 型题（题号）：2、3、6、8、9、12、13、16、18、19、22、23、26、28、30、32、33、35、38、39、42、43、46、48、49、52、54、58、59、62、64、65、67、70、72、74、75、77、80、81、83、85、88、89。

L 型题（题号）：1、4、5、7、10、11、14、15、17、20、21、24、25、

27、29、31、34、36、37、40、41、44、45、47、50、51、53、55、56、57、60、61、63、66、68、69、71、73、76、78、79、82、84、86、87、90。

你的 R 型题分数：_____。

你的 L 型题分数：_____。

四、评价

也许你已经注意到，R 型题是检验右脑思考倾向的，L 型题是检验左脑思考倾向的。如果你的 R、L 型题总分相差 6 分以下，那么你是一个用脑相当平衡的"左右脑型"人；如果 L 型题总分大于 R 型题总分，并且相差 7 分以上，你具有使用左脑的倾向，属于"左脑型"人；如果 R 型题总分大于 L 型题总分，并且相差 7 分以上，说明你习惯使用右脑，是一个"右脑型"人。

有人习惯使用某一侧大脑，这表明每个人有各自的用脑习惯。如果你通过测试发现自己属于"左脑型"人，那也没有必要悲观，从反面说，这正说明你有潜力锻炼和使用右脑。属于"右脑型"的人也不能认为"这样一来我不必特别注意使用右脑了"，因为你的右脑型倾向是无意识形成的，所以如果

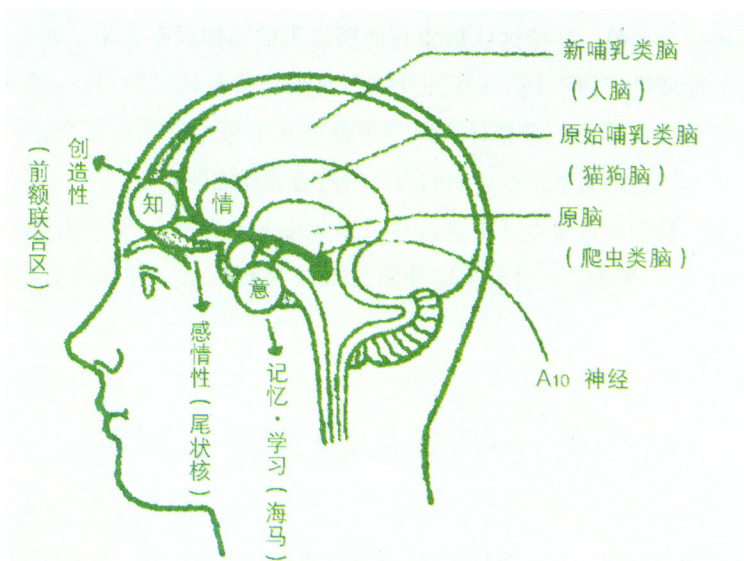

新哺乳类脑
（人脑）

原始哺乳类脑
（猫狗脑）

原脑
（爬虫类脑）

A10 神经

创造性
（前额联合区）

知

情

意

感情性（尾状核）

记忆·学习（海马）

人脑的三重构造

今后不有意识地积极应用，也会逐渐衰退。"左右脑型"的人虽然属于思考力平衡较好的人，但如果不注意积极运用右脑，也有陷入"左脑型"的危险。总之，在认识了自己的用脑习惯后，要积极地开始右脑的活化锻炼。

第二节 利用形象开发右脑

这种方法是根据右脑是形象思维中枢的生理机能提出来的。利用形象可以增加记忆力和想象力，这已被国内外学者的研究证明了。

苏联某报社的一位记者具有非凡的记忆力，心理学家亚历山大·罗曼诺维奇·鲁利亚丨（Alexander Romanovich Luria，以下简称"鲁利亚"）曾在1920~1950年间对他进行了长达30年的观察研究。在其中一项实验中，这位记者读了数百个反复出现的无意义的音节。8年以后，在没有任何预先通知的情况下，鲁利亚再一次对这位记者进行了测验，这位记者仍然能够准确无误地回忆出这些音节。最后，鲁利亚发现，这位记者之所以能进行惊人的记忆，是因为在记忆时应用了"形象"。这位记者在记忆时，会自发地把需要记忆的内容形成一个形象，并把这些形象与他所熟悉的物体联系起来，或者编一则小故事。他所进行的不是"词汇记忆"，而是"形象记忆"。这一系列形象，在他脑子里很快形成一个整体，以至于他能从形象中读出他所要记的音节。关于形象与记忆的关系，在后面的内容中将有更详细的介绍。

因此，我们在日常生活中应该尽量多运用形象思维，快速阅读要求读者在阅读过程中边阅读边想象，这种阅读方法其实就是一种开发右脑的有效方法。

第三节 利用鼻孔呼吸调节大脑平衡

科学研究证明，左右脑每隔90分钟交替占据主导位置。几世纪以前，整个瑜珈术发展的方向是确保练习者在日常活动中用特定的鼻孔呼吸。加拿大达尔豪斯大学的科学家发现，语言（左脑）能力和空间（右脑）能力有明显

的区别，就像呼吸交替进行一样，脑半球轮流起主导作用。在 SALT 研究院，大卫·沙南霍夫卡萨就类似的研究指出，交替呼吸时，刺激左脑可以给你机会进行推理，使用语言或数学；当需要空间、综合和创造性思维时，则转换到右脑。下面是具体做法：

总的来说，左脑控制着你身体的右边，右脑则控制身体的左边。为了快速激活你的左脑语言功能，可用手指按住左鼻孔，然后通过右鼻孔深呼吸。完成整个交替循环的方法是：躺下来，右卧侧躺一会儿，你的左脑就会进入主导位置；反之左侧卧，让右脑进入工作状态。所有这一切可能有点不易操作。布赖恩·汉弥尔顿在他的超级学习法课堂上自如地使用鼻孔呼吸。他用这种方法使学生在学习前平静下来，使左右半脑进入协调平衡状态。他使用了经过时间检验的瑜珈方法，具体做法如下。

做腹式呼吸几分钟，然后关闭一个或两个鼻孔。竖起大拇指和最后两个手指，弯曲中指，揿住右鼻孔，用左鼻孔进行长时间的、缓慢轻柔的吸气，然后交换用右鼻孔呼出，这样连续做三次，然后再反方向进行一次循环。双手盖住双眼一分钟，同时进行腹式呼吸。正如一位科学家所说："你的鼻孔可以成为调整大脑的工具。"

脑体是一个系统，呼吸的交替只是一种更深层的、一体化的生命节拍的一部分。整个脑体系统，包括交感和副交感神经系统都在循环着，内部、外部，进和出，就像呼吸一样是最基本的节奏，却是我们经常忽略的。

第四节　利用吃东西锻炼右脑

品尝美味佳肴，就会直接给右脑以良性刺激，尝不出味道的人右脑功能比较差。当你吃一种以前从未吃过的东西时，右脑要做出"好吃"或"不好吃"的判断，这也是一种极好的右脑锻炼。

第五节　折纸造型锻炼右脑

折纸造型是培养立体感的好方法，它可一边动手一边在脑海中构想立体形象，而且这个练习还包含着绘画的因素，所以它既可锻炼空间认知能力，又能锻炼形象思维能力和绘画感觉，同时还能活动手部神经，是一项很好的活动。

大家在空闲时不妨参照书本做一些不同类型的折纸练习。

第六节　观看体育比赛锻炼右脑

观看体育比赛也能起到锻炼右脑、提高形象思维能力的作用。

例如，看到足球明星那充满活力的身姿和优美的射门动作，脑海中会闪过"进球"的念头及其他一连串富于魅力的形象，这就在不知不觉中刺激了右脑。

第七节　养成用图形而不只用语言表达的习惯

用图形代替语言表达自己的思想，是行之有效的右脑活化法。

在人类的进化过程中，曾有过用图形记事的时期，但经过"左脑革命"，

即语言文字的发展，人们逐渐习惯了用语言文字表达的逻辑思维模式。实际上，图形和语言文字在事物的记录和表达上各有所长，近年来的"右脑革命"使人们对图形表达的作用有了新的认识。

当用语言表达"甲物包含乙物，所以甲大于乙"这个概念时，在代表甲的圆圈中画上代表乙的圆圈，这就把概念图形化了。把这一原理用于日常生活中，养成用图形记事的习惯，就能刺激右脑，使其逐步活化，也有助于抽象概念的理解和记忆。

例如，让儿童记住一个新事物，无论你怎样描述，都不如拿给他们一个实物或图片印象深。

如果你给儿童一个地址，他很难记住，更难以找到。但在给地址的同时配合上图形，就很容易让他记住并找到这个地址。例如，前门大街 3 号楼，你在给他地址的同时，告诉他这个地址是在前门城楼西侧一所邮局的旁边，使他在脑子里形成图形，再找起来就不困难了。

也许有人认为逻辑思维只能用语言表达，事实并非如此，逻辑思维也能用图形来表达。人们在日常生活中因偏重语言表达，所以渐渐地忘掉了图形来表达，也就是说人们过分依赖左脑。我们应该有意识地使用图形表达，如有困难可以配合一些文字或语言，逐渐让右脑也参加到日常生活中来。

第八节　锻炼类型识别能力开发右脑

在拥挤的人群中，只需几万分之一秒的时间就能认出所熟悉的人。这时人脑会凭借以往的记忆积累，迅速描绘出那人的多种形象，然后选出与视觉得到的印象特征相吻合的人，并在瞬间判断出那人是谁。我们把人脑的这种能力称为类型识别能力，它是处理信息的基本能力，我们的日常活动无一不是从类型识别开始的，即使是不会讲话的婴儿，同样能记住母亲的面容，可是高级的计算机却望尘莫及。

类型识别能力是人右脑的功能，所以锻炼这种能力能使右脑得到刺激。日常生活中锻炼类型识别能力的方法包括以下几种。

①记住下棋（围棋、象棋、跳棋等）时的布局。

②用左视野（左侧余光）观察连续通过的汽车的颜色、形状。

③记住与你擦肩而过的人物面容，过后再回忆一次。

④在公共汽车里，把你周围人的长相分为几个类型。

日本围棋九段高手升田幸三曾经说过："当我看到电线上停着一群麻雀时，我不能一下就断定它们一共有几只，但是我却能牢牢地记住它们的排列方式。所以当它们飞走之后，我还是能够慢慢地想出它们一共有几只。"超常的类型识别能力使他棋艺高超、智力过人。

类型识别能力虽然有个体差异，但却是每个人都具有的。只要稍加训练，这种能力就会显露出来，从而达到活化右脑的目的。

第九节　锻炼绘画意识和能力

绘画感觉是在类型识别能力基础上发展起来的。当我们目不转睛地注视着展览会上的绘画作品，尽情欣赏并陶醉其中时，我们的右脑正在工作。

欣赏绘画作品时，要直观地整体欣赏，而不要过分注意某个局部。要把作品置于视线左侧，使它进入左视野。另外，不必一幅一幅地仔细看，而是要找自己喜欢的一幅多看上一会儿，这样欣赏绘画和摄影展览有利于右脑活化。

如果能自己作画，那对右脑的刺激作用会更明显。但是作画时不要总盯着实物，否则左脑的逻辑、分析机能就会占上风。所以，作画时要随心所欲，少受条条框框的局限。

这种活化右脑的绘画训练，重点不在于绘画技术的好坏，而是要尽情地投入、喜欢。因此，平时要有意识地观望自然风景，尽情欣赏自己喜欢的绘画、摄影作品，也可用绘画来装饰孩子的房间。要多练习写生画，特别是风景画。

第十节　有效生物信息输入法

作为万物之灵的人，为完成高度复杂而有目的的动作，不仅依靠一个精

巧、有不同层次与分工的有机质量系统，而且依靠与质量系统相对应的丰富、复杂、多变的能量信息系统——语言、听觉、视觉、记忆、思维、情感、意向活动等，它如同声音和图像储存在磁带里，这些生命信息是以有序化的形式储存在大脑某些物质中的。信息与有序化一一对应，活体组织的有序化对应着该组织特有的生命信息，患病或发育迟滞的脑组织很可能与脑内的能量代谢体系或生命的信息的有序化出现障碍有关。因此，相关研究所研制了生命信息仪，从中医"阴阳平衡"的角度出发，利用现代电学技术对人体进行电磁平衡的调节。

美国费城人类潜能开发研究所格伦·杜曼（Glenn Doman）教授于1994年7月在中国做了"脑损伤的康复和智力开发"的报告。他认为人体有很大的潜力，无论正常人还是脑瘫者及智力障碍儿童，都有开发智力的机会，而且越早越好。他反复强调："疾病在大脑里，治疗也要针对大脑，而不是针对症状，无论这症状是轻还是重。大脑越用越发达，逐步增加多方面刺激的强度和时间，才能促进脑的发育，使潜能活跃。"

结合上述两者之优点，有人采用普通针灸，进行了以左侧劳宫、涌泉、足三里、神门穴位刺激为主的按照生物节律的刺激法。

方法：每日治疗一次（可安排在午睡时间），每次1小时，30次为一个疗程，可连续进行三个疗程，上述四个穴位同时刺激。

效果：多动行为首先得以控制，其次是情绪变得稳定，记忆、语言、操作能力等逐渐有所改善。

第五章 运动与按摩锻炼右脑法

第一节 运动——健身又健脑

适度锻炼可健脑。实践证明，科学、合理的体育锻炼能增加大脑的供氧量，改善脑组织细胞的新陈代谢，提高大脑皮层中枢的兴奋性，促进记忆、思维能力的增强。学习之余，可以选择一些强度适宜、轻松平缓的项目，如慢跑、游泳、打太极拳、做健脑徒手操、打羽毛球、静坐、习剑等。

随着科学技术的飞速发展，体力劳动者与脑力劳动者的比例正不断地发生调整与变化。美国现有的脑力劳动者已占全部就业人口的一半以上，而从事科技和教育的人数又占其中的 85 ％。在生产过程中逐步由以人的体力支出起主导作用转变为以脑力支出起主导作用，人类将逐渐从工农业社会步入科技社会。由于体力为主的劳作减少，户外活动的时间缩短，强调体育锻炼，提高群体体质就更显得格外迫切和必要。

体育运动实践业已证明，人体健身锻炼大都是全身性的，所以运动决非单纯地局限于强壮肌肉、灵活肢体的体表塑造作用，它更有健脑健心的内在调节功能。现代医学的研究也证明，运动是在大脑指挥下进行的肌体活动，同时大脑又接受来自肌肉、关节的神经末梢感受器对刺激的反应信号的输入，所以运动可以调节神经系统活动，增强大脑皮层的兴奋和抑制过程。

日本医科大学宫本思雄教授的研究证明：跳绳运动可以健脑。中医学也认为脚是人体之根，有六条经脉及许多穴位在脚部汇合交错，因此跳绳运动能有效地促进血液循环，从而使锻炼者精神舒畅，脚步轻捷。同样，跳绳也具有活跃大脑神经的功能。人们常说，治病不如防病，防病不如健身。健身

又健脑，何乐而不为呢。

第二节　头部揉搓保健法

本套健脑法共 5 节，重复 4 次，约需 30 分钟，不需要场地，室内室外、站立坐下，甚至躺着均可练习。老幼皆宜，男女皆可。长期坚持，必有好处。

一、揉搓面部

预备姿势：面朝南，双脚平行与肩同宽站立，两手下垂，中指对准裤缝，放松入静，排除杂念，自然呼吸，眼睛微闭。

动作说明：①轻轻举起伸开的双手贴在面部，拇指贴在身门穴，拇指的鱼际穴贴在颧骨处，中指端到发际神庭穴；②从上向下稍用微力移动，中指到鼻部迎香穴停止，拇指到颊车、大迎穴停止，来回为 1 次，共进行 66 次。脸部的穴位都要揉搓到。

收势：揉搓后的双手从上而下徐徐落下，从小腹前分开，双手中指对准裤缝，睁开双目，看一下收势的动作和预备姿势是否相同，如有不同立即校对姿势。

作用：长期揉搓脸部可以使肌肉丰满结实，面部神经松弛，皮下脂肪减少，更重要的是能够促进血液和淋巴液的循环，加强代谢功能。揉搓后有舒适感。

二、弹跳双耳

预备姿势：与揉搓面部相同。

动作说明：①双手伸开，中指端到脑户穴，掌心贴牢耳朵，大拇指贴牢听会穴；②双手稍用微力向前移动，中指尖端到听宫穴停止，这时候耳朵突然向后弹跳，恢复原状，来回为 1 次，共进行 66 次。

收势：同揉搓面部收势动作。

作用：人的耳朵上分布着多种神经分支，与人体的大脑、内脏和肢体相互连接。医学上称："耳为宗脉之所聚。"这一节的锻炼可以加强内脏的功能，有补肾之功效，对预防耳聋、耳鸣和耳炎均有效。

三、敲打后脑

预备姿势：同揉搓面部预备姿势。

动作说明：①双手伸开，掌心贴牢耳门穴，中指端压在强间穴上，食指压在中指上面；②食指用微力从中指上滑到脑户穴，有轻轻拍打一声的感觉，耳内有叮咚之声。轻打后脑部66次。

收势：同揉搓面部收势动作。

作用：加强脑部血液循环，益脑醒脑效果好，健忘者、脑神经衰弱者长期坚持做这一动作，可增强记忆力。

四、揉搓太阳穴

预备姿势：同揉搓面部预备姿势。

动作说明：①中指尖端贴太阳穴，食指无名指分别贴在中指的两旁；②中指沿着太阳穴后移动至后顶穴，由后顶穴向前拉，经太阳穴至眉毛端丝竹空穴停止，来去为1次，共进行66次。

作用：活络血脉，对大脑、牙齿和眼睛均有保健功能；失眠者经常揉搓亦有好处；如果突然晕倒，按摩此穴位也有效果。

五、揉搓头皮

预备姿势：同揉搓面部预备姿势。

动作说明：①双手伸开，十指尖端穴位（十宣穴）紧紧贴牢头皮，入发际处神庭穴，大拇指贴住角孙穴；②做类仿佛似梳头的动作，沿着头顶的面会穴向后脑部移动，食指到哑门穴，拇指到风池穴，来回为1次，共进行33次；③十指成虎爪形，满头部揉搓33次，整个头皮全揉搓到即可。

作用：振奋中枢神经，疏通头部气血，也可保护大脑，促使大脑皮层处于保护状态，使大脑得到休息，有健脑、醒脑之功效，还可以少生头皮屑，减少脱发，防止头部血管硬化，总之常练得百益而无一害。

六、注意事项

①上述5节健脑活动每天重复4次。

第一次脸朝南，第二次脸朝西，第三次脸朝北，第四次脸朝东，这样利于记住，不会少做，达到有条不紊。

②选择通风良好之地，进行头部揉搓。

③坚持就是胜利，学贵在恒，事贵在恒，健脑法的练习同样需要坚持，排除一切干扰，挤出时间每天练习，使大脑一直处于最佳状态。

④为了使头部揉搓健脑顺利进行，不至于损伤皮肉，女性不要佩戴戒指、耳环等装饰品，头发剪得短一些，男性的头发应修成平顶为好。

第三节　手指操活化右脑、协调左脑启智法

一般人认为左脑是优势半球，这是单凭语言来描述脑功能所造成的误区。这种误解忽视了负责直觉和创造力的右脑功能，导致右脑功能普遍得不到发挥。一切活动都用右手右脚，儿童使用左手常被父母强行"矫正"，长此以往，左右脑使用不平衡，智力活动也会受到影响。

近年来，"右脑革命"波及全球。不少人对锻炼、开发右脑功能产生浓厚兴趣，提倡开发右脑，正是为了求得左、右脑平衡，沟通和互补，以期最大限度地提高人脑的使用效率。对于儿童来说，两个大脑半球的活动越协调，潜能开发得越充分，智能提高的可能性就越大。

一、手指刺激法——手指操

苏联著名教育家瓦西里·亚历山德罗维奇·苏霍姆林斯基（Bacúnuǔ Anekcáнdровnу Cухопúнcknǔ）说："儿童的智慧在手指尖上，手使脑得到发展，使它更加聪明。"中国也流行着"心灵手巧"的说法。

大脑机能定位的研究证实，手在脑皮层投射的区域比例是最大的。外国许多学者认为，"中国人使用筷子，是最佳易智方法"。道理很简单，使用筷子时手指不断地活动，这活动的背后是千百条神经的参与和大脑细胞的积极活动。使用筷子时一般只用右手的三根手指，如果把十根手指都调动起来，特别是启用被忽视的左手，那么对脑细胞的活化及智力的开发作用是不言而喻的。有研究证明：左侧肢体参与全身肢体运动达 35%，就能起到活化右脑

作用。手指操是两只手、十根手指的运动，而左侧占 70%，同时配以轻松的音乐，以加强右脑的活动，增加娱乐性，促进智力的开发。

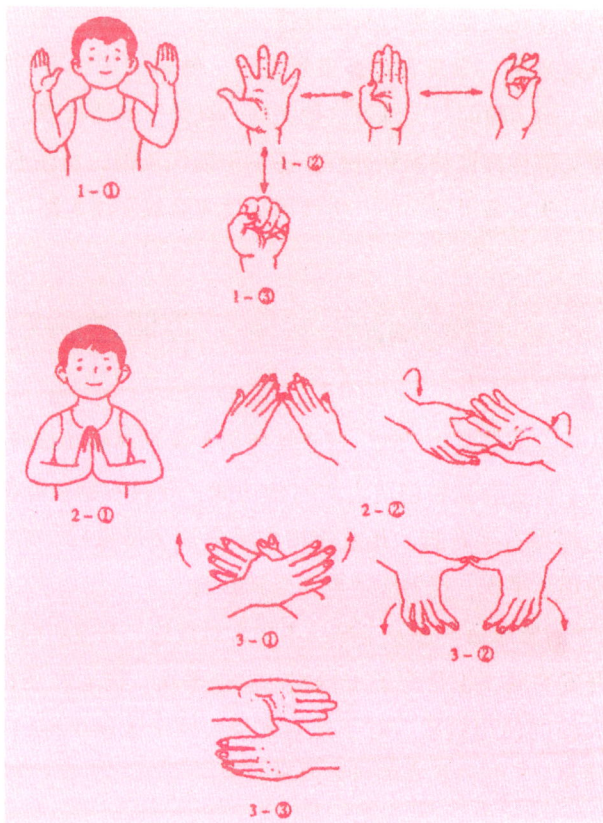

手指操

1. 收展手指运动

①准备动作：自然放松站立，目光直视前方，举起双手并将左手放入左侧视野中（上图中的 1-①）。

②内收、外展手指：按节拍内收与外展交替进行两个 8 拍，然后右手也加入，共同完成后两个 8 拍（上图中的 1-②）。

③握拳与伸掌：按节拍完成握拳与伸掌交替动作两个 8 拍，然后右手也加入，双手共同完成后两个 8 拍（上图中的 1-③）。

2. 对指运动

①准备动作同上，将左手放入左视野中。

②单手拇指与其他手指依次完成对指动作，四个8拍（上图中的1-②）。

③双手相互对指，拇指与食指交替对指各两个8拍。

此时做准备动作，双手合掌于胸前（上图中的2-①）。

3. 扇指运动

①准备动作：双手举起于胸前（上图中的2-②）。

②双手拇指相交，手心向内扇动四指（上图中的3-①）。

③拇指相对，手心向下，手指向外扇动（上图中的3-②）。

④左手心向内，右手心向外，拇指相对或相交，扇动四指（上图中的3-③）。

⑤互换位置，扇动四指：通过双手拇指交叉并相互转动，改变其他四指的位置并扇动四指（上图中的3-③）。

以上各种动作均随节拍完成两个8拍。

效果：在轻松愉快的音乐伴奏下，十指舞动。一会儿像雄鹰展翅蓝天，一会儿又像蝴蝶在花丛中翩翩起舞，充分地遐想。通过眼看、耳听、手动、脑想等多种途径，以及左侧肢体活动，加强了左右脑平衡。智力障碍儿童在形象思维、音乐感受、情感表达等多方面得到发展，达到了活化右脑的目的。实践证明，这是实用有效的益智方法。

第四节 左侧体操

日本专家设计出一种可增强记忆的左侧体操，其理论依据是：左右侧的活动与发展通常是不平衡的，往往右侧活动多于左侧活动，因此有必要加强左侧体操活动，以促进右脑功能。

1. 举臂动作

重复8次（一个8拍）。

①聚精会神地站立，左手握拳。

②左腕用力，弯臂，慢慢上举。

③缓慢地弯曲上举的臂，返回到原来的姿态（下图①）。

2. 抬腿动作

重复8次（一个8拍）。

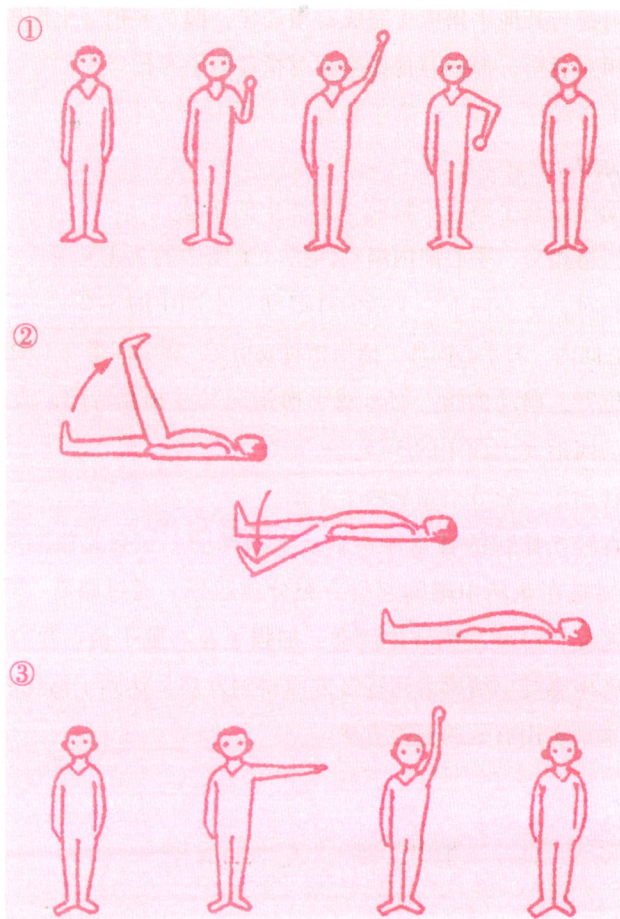

左侧体操步骤图

①仰卧。

②左腿伸直向上抬。

③将上抬的腿倒向左侧，但不可碰到地。

④按相反的顺序，返回到原来的姿态（上图②）。

3. 举臂动作

重复8次。

①使身体保持直立姿势，左臂向左侧平举。

②将左臂上举，头不能动。

③以相反的顺序，返回到原来的姿态（上图③）。

4. 左倒动作

重复8次。

①使身体从直立姿势向左侧倾斜。

②仅用左手和右脚尖支撑身体，同时左臂伸直，身体向左侧倾斜，做笔直横卧。

③弯左膝后起身，返回到原来姿势（上图④）。

5. 单撑动作

初练时重复3次，以后增加到8次。

①俯卧。

②跷起脚尖，像俯卧撑那样，用手腕和脚尖支撑身体。

③弯臂同时使左腿抬高，右臂放松。

④缓慢地重复伸手臂两次（上图⑤）。

效果：在轻松的音乐伴奏下，有规律地进行这种左侧体操，能在较短的时间内增强记忆，促进学习能力的提高。

第五节　日常活动刺激法

右脑体操是一种单侧体操，因为人的大脑半球的运动区对身体部位的管

理是左右交叉的，左脑控制人的右侧躯体，右脑控制人的左侧躯体。所以，加强左侧躯体的运动，如活动左侧的手、臂、腿、脚就可以使人的右脑得到锻炼。我们平时工作时善用右手的人居多，踢球时善用右脚的人较多，右脑体操就是通过对身体左侧肢体的强制运动来锻炼右脑的。

做"右脑体操"毕竟麻烦，活化右脑的最简便方法是在日常生活中有意识地让左侧肢体多做一些事情。比如，可以用左手洗脸、刷牙、吃饭，用左脚跳绳、踢球等。刚开始时可能不太习惯，也觉察不出什么变化，但只要坚持下去，就一定会收到意想不到的效果。在日常活动中可以用如下方法刺激和锻炼右脑。

①在公共汽车上，用左手抓握扶手。

②平时用左手拿取物品（如提书包等）。

③用左手摸扑克牌、拿棋子等。

④多用左耳听音乐（可用耳机帮助）。

⑤用左脚蹦跳、踢球等，多做"左手左脚"游戏。

⑥在头部正前方放一物体并注视它，然后不移动视线，努力看清左侧模糊的物体。

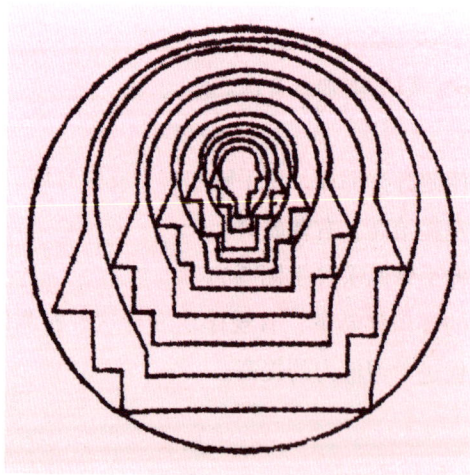

第六节　低级动物为什么从不惧怕水

我们知道，积极的运动可活化右脑，但也并非随随便便做一下就能奏效的。方法得当与否，对右脑产生的效果截然不同。

在实际生活中大家都有经验，儿童学游泳、滑冰之类的体育项目比成年人容易得多。原因是随着年龄的增长，人们经受的"左脑型"教育较多，习惯了从理论上去认识和学习体育运动。这种习惯具有抑制作用，使身体的敏捷度显著下降。成年人想学滑冰却怕跌跤，想练游泳又怕淹水，怕在众人面前出丑，这种意识全部是左脑功能支配的。儿童却不同，他们既不介意面子，也不顾虑伤痛，只一味地用身体去体会，所以掌握得快。这完全是他们用右脑思维、感知之故。就学游泳而言，大部分哺乳动物生来就会游泳，而生来不会游泳的哺乳动物可能只有人类和类人猿。低级动物没有左脑，只靠右脑生存，因而从不惧怕水。所以，近年来体育界大兴右脑训练法，取得了良好效果。

第七节　如何让左脑和右脑能够同步、协调地工作

两半脑在结构和功能上存在巨大的差别，这是一个毋庸置疑的科学事实。有的科学家形象地说明了左右脑最典型的区别：左脑的思维方式更多是程序性的，就好像一个侦探，一步一步地进行推理；而右脑则更多通过类似于"直觉"的方式进行思考，我们往往只需要扫一眼就可以在一群人中间找到我们想要找的人。以电路做比喻：左脑可能是通过串联的电路思考，右脑则可能是通过并联的电路思考。

要让左脑和右脑能够同步、协调地工作，这真不是一件容易的事情。以下的尝试或许会对我们有所启发。

1974 年，美国的一位网球教练写了一本书《网球的内心游戏》，这本书

后来引起巨大反响。作者在书中指出，不少人在学习网球时，总是没完没了地在心里对自己说话，诸如"跳起来接球""打他的反手球""眼睛盯住球""弯曲膝盖"等。但是，他们越这样想，实际上发挥得就越差。作者的解决办法是采用分心技术，即让运动员把自己的每一步动作都喊出来。例如：挥拍击球时就喊"打回去"；在球弹回时，就喊"弹回来"。许多人通过这种办法，迅速提高了自己的球技。后来，作者还和其他一些体育教练合作写了《内部滑雪术》等书。这种办法的科学依据就是摒除左脑思维的影响，从而让右脑聚精会神地进行工作。因为运动是右脑的基本功能，而当你在场上不停地思考时，实际上你正以左脑的功能妨碍右脑的工作。而当采取分心的办法时，你就可以让左脑没有时间进行思考，从而为右脑打开一条顺畅的道路。

事实上，在很多时候，左脑和右脑可以根据工作任务的性质进行自我调节，轮流占据支配的位置。所有训练的目的，并非单独针对右脑，而是通过外界的手段，帮助人们更好地进行自我调节，让左、右脑都积极地开动起来。

第六章　音乐、冥想与饮食可以有效活化右脑

第一节　α波与右脑

1929 年，德国精神病学家汉斯·贝格尔（Hans Berger，以下简称"贝格尔"）用脑电图仪观测到了大脑皮层的生物电活动。他发现大脑处于不同的活动状态时，脑电波存在着不同的变化规律。这种脑电波，一方面标志着大脑兴奋和抑制过程的不同变化，另一方面又反映出人的不同心理意识状态的变化。根据脑电波的频率、振幅的不同，正常的脑电波可以分为四种波形："α、β、θ、δ。"就像电视台或电台在几个不同的波段播出几套不同的节目一样，人脑在这四种波段上做不同的工作。

α 波是一种以 8~13Hz 的频率，20~100μV 的振幅活动的脑电波，它是刺激长期记忆的最好状态。在此状态阅读时，大多数主要信息被存储在潜意识之中。许多研究人员和教师相信，人们可以通过潜意识很好地学习大量的知识。

人在清醒的日常生活中处于紧张状态时，产生 β 波。比如你正在交谈、做报告或是在解一道逻辑题，大脑将会以 13~25Hz 的频率"传送"和"接收"信息，这就是 β 波。

当你开始感到睡意朦胧时，也就是介于全醒与全睡之间的过渡区域时，你的脑电波就会以 4~8Hz 的速度运动，即 θ 波。

当你完全进入深睡眠时，你的大脑就以 0.5~4Hz 的频率运动，这就是 δ

波。这时你的呼吸平缓，心跳放慢，血压和体温下降。

β波这种很快的脑电波，对于我们度过白天紧张繁忙的生活很有好处，但它抑制了我们进入大脑更深的层面。α、θ波，则可以进入更深的层面。这两种脑电波以放松、注意力集中、舒适等为特征。在α、θ波状态下，可以获得非凡的记忆力、高度专注和不同寻常的创造力。尤其是α波，这种脑电波以放松和沉思为特征，是幻想、施展想象力的脑状态。它是一种放松性警觉状态，能够促进灵感的产生，加快资料的收集，增强记忆力。α波是使人进入潜意识的唯一有效途径。

贝格尔进一步研究发现，当脑电波呈现α波状态时，有一种叫做β-内啡呔的化学物质加速分泌，它使隐藏在大脑深处的潜能开始苏醒活跃，储存在右脑的启发性信息被随心所欲地引导出来。

第二节　用音乐法引出α波

音乐，是人类文化的宝贵财富。聆听一曲美妙的音乐，能调整你的身心节奏，减轻你的劳累和紧张，使你感到轻松愉快；还能宣泄你的感情，使你的情绪得到平衡；更能起到"寓教于乐"的作用，在优美的旋律中陶冶你的情操，培养良好的心理素质。

科学家研究发现，音乐可以开发右脑，引出α波。每分钟60~70拍的节奏与α脑波正好一致，是开发右脑最好的选择。在聆听音乐的过程中，音乐旋律经耳朵这一听觉器官，由传导通路到达大脑，产生情感体验，使形象思维得到锻炼。

保加利亚哲学博士、神经病学家乔治·拉扎诺夫（George Razanov）主张用节奏舒缓的音乐来刺激大脑，使音乐的节奏、生理活动中的呼吸和心跳的节奏与信息输入的节奏协调起来，从而达到消除紧张感、集中注意力、增强大脑活力的目的。这种方法在西方已得到广泛的应用。它可以帮助学生轻松而有效地学习知识。

在美国、法国、德国、日本等国家还盛行一种音乐医疗方法。在医疗中

心，健脑设备播放美妙的音乐，其轻快的节奏与人的脉搏、心跳极为和谐，使人消除疲劳，心情愉快。体力劳动者经治疗后会精力充沛，艺术家经治疗后可产生创作灵感。

听右脑音乐，可直接刺激右脑。我们说辨听声音是右脑领域，但这并不意味随便听什么都行。因为，有些声音是由左脑判断的，所以应慎重选择。怎样才能开发右脑的功能呢？在欣赏音乐时，只有打破一些传统的欣赏手法，才能充分地开发右脑的功效。由于"音乐所表达的就是语言不能表达的内容"，首先，我们必须放弃用语文来解释音乐内容的习惯。我国的音乐教育界向来有一种观点，认为音乐作品尤其是交响乐等严肃音乐，就是要表现一些明确的思想内容，听众在听音乐时也往往去分析音乐要表达的是什么。这实际上动用了左脑的语言机制，抑制了右脑的功能，也很难领悟到音乐超语言的实质。其次，我们又必须抛弃音乐作品的逻辑结构去听。大多数作曲家创作的音乐作品，为了表现更丰富的情感冲突和更深刻的思想内容，都运用逻辑思维的方法形成一定的曲式结构。按曲式结构欣赏音乐，的确能加深对音乐内容的理解，但却无益于右脑功能的开发。正如爱因斯坦所说的："我并不在音乐中寻求逻辑。我全凭直觉（欣赏音乐），对音乐理论一无所知。如果我不能凭本能抓住一部分作品的内在统一，那我就不会喜欢它。"所以我们应该学会放弃一切逻辑与语言的念头，安安静静地听音乐，让自己的情感和直觉神游于音乐之中，这样就能充分开发大脑的创造功能。按照这种思路，青少年最好每周照这种方法听几次音乐，这是增进智力的一种好方法。切莫小看这种直觉的培养，它实际上代表了东方传统哲学，如儒家、道家等所追求的一种有别于西方传统逻辑的最高思维形式。孔子曾说过："吾十有五而志于学，三十而立，四十而不惑，五十而知天命，六十而耳顺，七十而从心所欲，不逾矩。"对于"六十而耳顺"这句话，宋朝的朱熹在《四书集注》中解释道："声入心通，无所违逆，知之之至，不思而得也。"就是说孔子经过长期的修习实践，做到了凭直觉判断事物，通过耳朵的旋律就直接进入了内心，达到了因感于怀而"三月不知肉味"的地步。所以运用这种"耳顺"式的音乐训练法，就能使大脑的思想方式产生巨变，做到"不思而得"。这种"不思而得"的思维方式，更有助于减轻大脑的思考负担，起到保养大脑的功效。

下面列举的古典音乐内容，是在充分考虑到音乐对右脑的影响的前提下严格挑选出来的。我们可以在日常生活中作为消遣放来听。

《月光》德彪西

《G 弦上的咏叹调》巴赫

《蓝色的多瑙河》小约翰·施特劳斯

《小步舞曲》比捷

《e 小调　　小提琴协奏曲》门德尔松

《春之歌》门德尔松

《幽默曲》德沃夏克

《小狗圆舞曲》肖邦

《夜曲》肖邦

《勃拉姆斯的摇篮曲》勃拉姆斯

《长笛与竖琴协奏曲》莫扎特

《爱的喜悦》马蒂尼

《培尔·金特组曲—早晨》格里格

总之，右脑音乐的选择标准是：曲调优美、轻柔、明快。

第三节　用冥想法引出 α 波

冥想也是一种导出 α 波的好方法。冥想本来是印度瑜珈功的一种修炼方法，20 世纪 70 年代中期，哈佛大学医学院副教授宾逊将它科学地加以简化，使本来带有神秘色彩的超觉冥想，得以简单易行。

宾逊的冥想法包括四大要点。

①冥想的内外环境必须安静。内环境指个人的心境，外环境指自己所处的物理环境。

②冥想时必须有一个可供专注思考的事物。这个事物可以是重复的一个字或一种声音，也可以是一个抽象的形象。

③必须保持被动的心态。摒除一切杂念，心如止水，无所思、无所欲，

静候心灵波动的自然起伏。

④保持身心安适，这是最重要的一点。永远遵循八字原则：轻松、舒适、安静、自然。

其具体做法如下。

①在安静的房间内，盘腿坐好，房间的灯光必须柔和。

②闭上眼睛。

③尽量放松肌肉。先从脚部开始，由下而上，一直放松到头部。

④用鼻子吸呼，并使自己感觉到空气从鼻孔出入。每次呼气时心中默数"1"。如此继续进行20分钟后，自行停止。时间可以估计，但切记不用闹钟，停止后合上眼睛休息一两分钟。

⑤每天练习一次或两次，但练习时间要在饭后两小时。

应用冥想法时要注意，当你想重新布置房间，最初是不会用语言去思考的，而是首先在右脑中描绘出新布局的形象。如果习惯于用语言去思考，那么很难设计出优美合理的方案。

如果你想学乒乓球，那么通过看书后再去实践的方法是很困难的；但只要看一眼示范，再在脑海中构成形象并指导动作，则很容易掌握。

因此，要积极开发右脑功能，必要时可将语言从大脑中"排除"。

大科学家爱因斯坦说："我思考问题时不使用语言，而是靠生动有形的形象去进行。当这些形象形成一个完整的整体时，我再去花费颇多的努力去表达它。"当然，不是每个人都能成为爱因斯坦，人与人虽然差距甚大，但在根本上是相同的。创造排除语言干扰的无意识状态，对右脑开发同样重要。

①坚持每天在大脑中"看图"。

坚持闭目冥想3~5分钟，只要能感到大脑中有东西浮现出来，那就说明收到效果了。如果大脑中浮现出的是语言，那你应该把它剔除，努力感知在大脑中浮现出的图景。只要做到这一点，左脑便再也不会肆意滋扰，此时便是右脑"为所欲为"的天下了。

②在乘车上下学途中，也可采取闭目听周围自然声响的方法来刺激右脑。

③运动或学跳舞时，要全神贯注地模仿别人的动作。

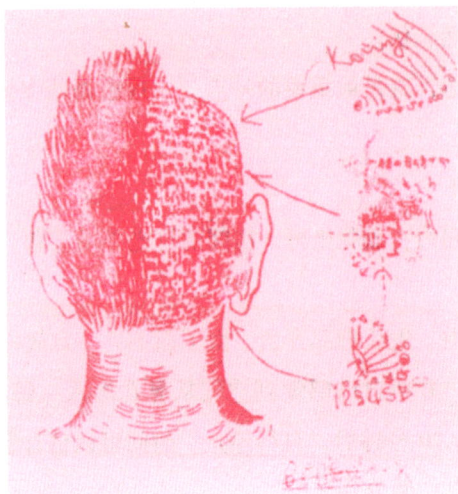

第四节　入定与余波睡眠

　　锻炼右脑的传统模式都要制造一个没有语言的无意识状态。据说测定坐禅高僧的脑电波图后发现，脑波速度有所降低，他处于一种接近睡眠的状态。但坐禅与睡觉有本质的差异，是一种清醒的无意识状态。

　　传说中有些高僧可面壁数十年，连身影都印入石壁中，终得以"大彻大悟"，这直接源于用右脑修炼。近代一些企业家、政治家也尝试在繁忙的公务中坐禅，排除干扰，求得创意与心态平衡。

　　曾任日本巨人队教练的川上哲先生的坐禅颇为有名，令队员折服的是能在任何情况下都沉着对应的教练术，也得益于坐禅而使右脑得到的锻炼。

　　常人不必也不可能去禅寺坐禅，完全可以每天抽 10～20 分钟的时间冥想。选一个舒适的位置，可以坐在椅子上，最好是盘腿坐。调整呼吸，排除干扰，使大脑处于空白状态。这种脱离琐事缠绕的清心寡欲状况，可以在不受左脑功利主义思考的影响下，拥有单独使用右脑的时间。其实，在上班的班车上也可以试着打坐，闭上眼睛，专心去听窗外的车声鸟鸣，让头脑停止胡思乱想，创造一种没有语言的无意识状态。也许，当你走进办公室，有些灵感就

已经冒出来了。

余波睡眠也是右脑活动的征兆。有些问题我们百思不得其解，却可能在梦中忽然浮现出答案。苯环的发现，也是化学家梦见蛇咬着尾巴跳舞，才恍然大悟，构想出苯的环状结构，这是有机化学中里程碑性的事件。不祈求做什么了不得的发明壮举，记住梦中一闪的念头，可能正是你解决问题的关键。

第五节　养气虚静法

以"养气"使身心进入"虚静"，在"虚静"的境界中求得灵感的到来，这是中国古代提出的诱发灵感发生的成功方法。因为"虚静"、能使你自觉地排除内心一切杂念，使精神净化，集中全部精力于高度紧张的创造构想之中，于是灵感就自然而然地爆发了。而要达到"虚静"，就必须养气。具体做法是要心情舒畅，思路清晰。亘古以来，有多少诗歌、散文、戏剧、音乐、舞蹈、绘画、雕塑、电影的创作大师，有多少科学家、哲学家、社会活动家，在"用笔不灵看燕舞，行文无序赏花开"的一瞬间，因灵感的突然光顾而产生全新的思想理论、全新的发明创造和全新的科学决策，一举登上人生事业的高峰。随着科学的发展，人们认识到灵感来源于人们知识和经验的积累，启迪于意外客观信息的激发，得益于探索和独创智慧的闪光。因此，对灵感的诱导性也越来越被人们重视。

第六节　合理饮食与健脑

每个人都期望有一个健全的大脑，即具有良好的观察力、想象力、判断力和记忆力，能对周围事物进行正确的思考和分析判断。若大脑在发育的过程中受到诸多不利因素的影响，其功能就会遭到一定的损害，其中，饮食营养是影响大脑发育的非常重要的因素之一。

大脑的发育从胎儿时就开始了，至青壮年时期发展到高峰。过去人们曾认为成人的脑细胞不会再生长，但近年来科学家发现，人一生中脑细胞都在生长，甚至老年人的脑细胞也可再生长。人的大脑由上千亿个脑细胞组成，每一个神经细胞都向四周伸出触手，与大约一千个细胞互相联网，这种联网的总数是一个惊人的数字，就连最复杂的计算机也望尘莫及。大脑的容量可储存一亿本书的信息，这是世界上任何一个图书馆都无法比拟的。

一个人聪明与否与大脑的功能是否正常有关。诚然，要使头脑变得聪明，使智力有所提高，必须依靠学习和训练，并讲究科学用脑的方法。但是，饮食与保障大脑功能的正常运转的关系也是十分密切的。

人的大脑虽然只占体重的1/50，却需要人体所需血液供应的1/5，耗氧占全身需求量的1/4。如此重要的生命器官，其新陈代谢的正常维持必须依靠我们平时的饮食。离开了饮食和营养，大脑就成了无源之水、无本之木，难免枯竭、萎缩，趋向死亡。

大脑必需的营养成分主要有脂质（不饱和脂肪酸）、蛋白质、糖、维生素B、维生素C、维生素PP和钙等。脑细胞的60％是由不饱和脂肪酸构成的；蛋白质占35％，糖类摄入后被分解成的葡萄糖，是大脑工作的能源；维生素是维持和提高生物机能不可缺少的营养成分，维生素C具有改善肌体细胞氧化还原反应的功能，维生素PP的缺乏将造成食欲不振、消化不良、记忆力减退等症状；钙可以维持人体的酸碱平衡，防止酸性过度造成的脑功能受损，如记忆力、思维力减弱。

下面是大脑必需的营养成分含量较多的主要食物。

含脂质——核桃、松子、葵花籽、花生仁、金针菜、黄花菜，以及牛、羊、猪、兔、鸭、鹌鹑肉等。

含蛋白质——蛋类、奶类、豆制品、蚕蛹和鱼、肉类等。

含糖——大米、小米、玉米、稗子、甘蔗、甜菜，以及枣、桂圆等水果。

含维生素 B_1 ——蛋黄、黄豆、核桃、花生、芝麻酱和黄花菜等。

含维生素 B_2 ——木耳、紫菜、海带、茶叶、蛋黄、猪肝等。

含维生素C——菠菜、龙须菜、卷心菜、辣椒、萝卜叶、草莓、金橘等。

含维生素 PP——花生、芝麻酱、猪肝等。

含钙——核桃、海带、虾米、海蜇、金针菜、羊栖菜、裙带菜、牛奶、鸡蛋、萝卜叶、葫芦等。

为了使健脑食物的摄取结构合理，需要注意以下几点。

1. 主食要杂

主食要吃五谷杂粮，而且愈杂愈好，切忌单调。这是因为主食的多样化，可以满足身体的不同需求，特别是将多种食物按比例混合食用，可以使各种食物形成营养互补，保证摄入各种人体必需的氨基酸，从而提高蛋白质的利用率（如用 20％的大豆、40％的玉米面和 40％的小麦面混合制成窝头、发糕等）。

2. 要吃好三餐

我们的饮食习惯一般是一日三餐，这三餐的安排应本着"早餐吃好、中餐吃饱、晚餐吃少"的原则。早餐是整个上午紧张的工作学习、用脑消耗的重要保证。少数人有晚起床、不吃早餐的不良习惯，久而久之将直接造成由体内糖分不足引起的糖与脂肪氧化受阻，致使各器官营养缺乏，使记忆力受损。

午餐是对上午消耗营养的补充和下午持续活动的保证。为恢复体力、补充营养和热量，午餐要吃饱。这个"吃饱"的标准，除了凭自己感觉，还应按自己全天食物总量的 40％~50％为标准。也就是说，吃饱为止，不要过量。

晚餐不仅关系到从饭后到临睡前这段时间的活动，而且会影响到夜间睡眠的质量，同时与第二天的精力相联系，因此一定要吃好。晚餐可以丰富些，注意主、副食的营养搭配，要易于消化吸收。

3. 饮食的酸碱要中和

食物的构成，应该使其在体内形成酸碱中和状态，注意防止酸性食物摄入过量或碱性食物摄入过量。由于食物中有大量的酸性食品，而偏食这些食品会形成酸性体质（血液 PH 接近 7），轻者有时有疲倦感、易感冒，重者会记忆力下降，甚至神经衰弱。

常见的酸性食品主要包括主食中的米、面和副食中的鸡、鱼、虾、肉、蛋、花生、砂糖、啤酒、紫菜、龙须菜等。

常见的碱性食品主要有蔬菜、水果、豆类、牛奶、茶、咖啡等。

我们在日常生活和饮食中，要注意将碱性食品和酸性食品搭配食用，并克服那种不吃某种肉、某种菜，不吃水果或只吃某种水果等不良习惯，使自己的大脑经常处于最佳状态。中小学生由于身体正处在发育期，加上处于紧张的学习状态，与从事轻体力劳动的成人相比，他们的营养需求更高，而且对蛋白质、矿物质、钙、磷、铁等方面的需求也高于成人。为保证他们的记忆力不受影响，应该使他们的膳食结构更有利于大脑的活动。如充分地摄取蔬菜、水果、海藻类、牛奶和豆制品等碱性食品，使血液不倾向酸性，这对于中学生在记忆活动中预防大脑疲劳、精力分散是有效的办法。

需要说明的是，我们所说的"多吃健脑食物"并不是说只要是健脑食品可以就过量地食用，不能为了健脑，一日三餐只吃蛋黄，平时零食只买核桃。

总之，合理饮食可以使我们的大脑运转正常。据科学家测定，人对大脑的开发仅有十分之一至三分之一，潜力还很大。如果我们注意"健脑之道"的研究，人类智慧之花必将结出丰硕的果实。

第七节　学生的膳食与脑健康

学生进入中学以后，体力和脑力活动比小学多得多，加之身体正处于生长发育时期，代谢旺盛，因此每天消耗的能量相当多。如果营养跟不上，不仅影响身体的生长发育，容易出现消瘦、贫血、疲劳、视力减退、记忆力差等现象，还容易感染肝炎、结核、流感等传染性疾病。可见，合理调配好中学生的膳食是何等重要。

第一，要有充足的热量。中学生对热量的需求很大，男生为 2 800 千卡左右，女生为 2 600 千卡左右，比成年人多 25 %。目前，男女生每天的饭量约 0.55kg，只能提供 1 942 千卡热量，远远不能满足身体的需要。所以，须增加副食来补充。每天吃 0.5kg 蔬菜、100g 肉、100g 豆制品，以及牛奶、蛋类、水果，再加上油盐等调料，就可以满足热量的需要。

第二，保证充足的优质蛋白，即瘦肉、鱼、牛奶、蛋、豆制品等食物。优质蛋白含有 22 种氨基酸，其中有 9 种是人体不能合成而又必需的，叫必需氨基酸。优质蛋白质能使肌体产生额外的热量，起到特殊的动力作用。如果蛋白质摄入量不足，可导致生长发育迟缓，表现为身体瘦弱、体重减轻、记忆力差、精神萎靡等。

第三，保证各种无机盐的供应。中学生每日需钙 80mg、磷 1 400mg、镁 300mg、碘 140mg、铁 15～30mg、锌 15mg。缺钙会影响骨骼发育；缺铁容易发生贫血；缺碘会发生甲状腺肿，影响身体和智力的发育；缺锌会导致智力下降；等等。由于饮食习惯，现有膳食中的钙、磷、铁、碘等元素往往供应不足，要注意补充牛奶、鸡蛋、动物肝、青菜、海产品等食物。

第四，注意维生素的供给。中学生对各种维生素需求总量不超过 200mg，其中维生素 B_1、B_2、A、B、C、D 等对身体影响较大。维生素 A 可促进生长发育，保护视力，预防夜盲症；维生素 B 参与酶的反应，是许多辅酶或辅基的组成部分，和蛋白质、糖脂肪代谢密切相关；维生素 B_1 缺乏时，会导致食欲减退、便秘、烦躁、上课注意力不集中等现象，

甚至引起脚气病；维生素 C 具有抗病毒作用，能够增强肌体免疫力，有防感冒作用；维生素 D 能促进钙质的吸收，保持骨骼的坚硬性，缺乏时会影响钙的吸收，发生佝偻病和软骨病。这些维生素在绿叶蔬菜、胡萝卜、西红柿、动物肝、蛋类、大枣、柑橘、骨头等食物中含量丰富，因此多吃新鲜蔬菜和水果可保证供给。

目前的三餐制对学生来说不太合适。有的学生早餐吃得少，上午第三节课后便有饥饿感，影响学习；晚饭后常常要上 1~2 小时的晚自习，且与第二天早餐时间间隔长达 12 小时，对身体影响很大。所以，最好每天上午第二节课后加一餐，吃点面包、牛奶等，晚自习后吃些晚点。这样，既可补充体内能量，有利于健康，又可提高学习效率。另外，家长应了解一些营养学知识，三餐做到品种多样化，适合孩子口味，这也是保证孩子吃饱、吃好的关键。

考试期间的营养，直接影响考生的记忆力和体力。营养学家实验证明，学生在复习迎考期间尿里的维生素排出量明显减少，这是因为脑力活动使新陈代谢增加、酶的消耗增加，即维生素的消耗量增加。美国的营养学家实验报告说：紧张的脑力活动使神经传导介质大量消耗，这期间蛋白质的消耗量比平时要多得多。要使考生保持旺盛的精力，除了要注意劳逸结合，还须重视营养与卫生。应做到以下几点。

①吃饭要定时，每日膳食除主食外，副食品首推富含蛋白质和卵磷脂的食物，即鸡蛋和大豆制品，同时间隔搭配些瘦肉、动物内脏、虾等高营养食品就更好了。

②要多吃蔬菜和水果，以获得充足的无机盐和维生素。蔬菜和水果对学生的视觉和脑功能有较大的益处，还可以防止因脑力劳动相关开启情绪紧张而出现的便秘。另外，鲜牛奶、花生、核桃仁、湘莲子等都是很好的辅助食品。

③为促进学生的食欲，在调配上要干稀搭配，烹调上要花样多变，在色香味上下点功夫，可以选用香辣的食物，以刺激食欲。切勿给考生吃高糖和高脂肪食品，以免影响食欲。

④家庭经济条件较好的考生，还可适量服用一些滋补品，如人参、蜂王浆、人参精等，以改善记忆力，促进精神和体力的恢复。

临近考试期间，时间对于考生虽然很珍贵，但用餐后一定要适当散步，这既能改善消化腺的功能，又能松弛紧张的神经。

第八节　"超级食品"的超级功能

20多年前，在麻省理工学院进行的一项研究开始迫使传统的思维解放，理查德·沃特曼（Richard Waterman，以下简称"沃特曼"）博士的研究结果具有里程碑式的意义。他发现：我们的反应灵敏程度、智商、记忆力、情绪、睡眠，甚至对疼痛的感觉，都受到食物的影响。当你思考、运动或者努力记住某件事情的时候，某些脑细胞会释放神经传导物质，而这些传导物质是脑细胞彼此间以闪电般的速度交流传递信息的化合物。有高水平神经传导的人表现出较好的记忆力和比较强的学习能力。沃特曼的研究发现说明，摄入的食物决定大脑能制造多少这些至关重要的神经传导物质。

沃特曼博士和他的同行仔细研究了30多种信息传递分子的复杂表现，他们注明了制造这些传导物质的具体食品种类。沃特曼说："大脑并没有超凡脱俗的本领，我们吃的东西对它有着密切的影响。"

现在许多人学习莫妮卡·拉彭塞讲授的健脑课程。她给他们的建议是："去检查一下你们所摄入的维生素和矿物质。"她还说，如果想把一辆破旧的老爷车变成一辆超级赛车，把老牛拉破车式的学习变成第四度空间式的学习，"需要高能量的高辛烷燃料"。

卵磷脂是一种"超级食品"。美国政府的试验表明，卵磷脂可以使人骤然聪明25％。这是为什么？学习和记忆中非常重要的神经传导物质之一是乙酰胆碱，大脑从一种叫作胆碱的B族维生素中制造出乙酰胆碱，而卵磷脂里含有这种成分。沃特曼博士研究胆碱的移动，发现乙酰胆碱的多少由摄入富含胆碱的食物的多少来决定。胆碱在90分钟内增进记忆力，而且效果可持续4~5小时。所以，如果需要增强脑力应付一次考试或一次重大挑战，卵磷脂可以助你一臂之力，可以在考试前约一个半小时服用它。蛋黄、鱼类、瘦牛肉、小麦及大豆中都富含卵磷脂和胆碱（这两种物质也被制成食品增补剂）。

从大豆中提取的卵磷脂可以制成容易服用的胶囊剂或颗粒，最有效的是一种含有磷脂酸胆碱的卵磷脂。

美国国家脑健康研究所的权威人士说："我们的实验表明，增加胆碱可以提高记忆力和学习能力，它使人更聪明。这些试验结果令我们感到兴奋和鼓舞。"他把这称为了解人类大脑的一个突破。

这个研究所的另一位研究人员纳塔拉耶·西塔拉姆把卵磷脂称为一种"记忆药片"，并且报告说卵磷脂可以使学生表现出"显著"的记忆和学习进步，他建议每天摄取约2.5盎司（合70g）的卵磷脂。

沃特曼博士是五卷本系列丛书《营养和大脑》的编辑。他相信，在老年人的饮食中增加卵磷脂的含量可以防止记忆力衰退。俄亥俄大学的罗纳尔德·梅维斯博士有证据证明这一点：11个阿耳茨海默病患者服用了卵磷脂之后，有7个表现出长时记忆改善，幅度为50%～200%。他还报告说卵磷脂可以消除从中年开始的大脑正常老化。卵磷脂不仅是一种大脑及神经补剂，而且有助于降低动脉中的胆固醇。它在血流中溶解和代谢栓块，以便氧气更容易到达大脑，使大脑保持灵敏和高效。

麦胚芽是小麦的精华部分，它含有一种很强的天然物质，可以辅助治疗智力障碍，而且还可以修复由事故或其他疾病（如中风等）引起的脑损伤。这种物质叫作二十八（碳）烷。美国营养学先驱之一，戈尔顿·弗里德利克博士对二十八碳烷进行了30多年的研究。在数百个已被诊断为"不治之症"的主要脑损伤病例中，包括昏迷、癫痫、多发性硬化症、脑瘫、脑炎、脑中风、帕金森症，二十八碳烷似乎都产生了奇迹般的结果。弗里德利克博士的母亲中风后半身瘫痪，还伴有言语困难。四个月的二十八碳烷治疗使她完全康复了，此时她的医生仍难以置信，于是又在另外12个中风患者身上使用了二十八碳烷，结果11例都恢复了。

弗里德利克博士断言："思维的基础部分是生化性质的。"他坚持认为，包括二十八碳烷在内的营养疗法应该在任何一个智力障碍和学习能力低下的病例中试用。著名的生理学家安德鲁·爱维博士揭示了二十八碳烷可以修复脑细胞的事实。在威斯康星麦迪逊的达纳顿研究基金会的萨默特·普拉尔博士报告称：二十八碳烷对几乎所有中枢神经系统的疾病都有作用。纳塞尔和

莫尼卡·艾哈买德夫妇是来自加拿大的一对意志坚定的父母，他们通过给他们的孩子服用二十八碳烷治好了孩子"无可救药"的自闭症。

第七章 在学习和工作中 如何开发右脑

第一节 指导学生开发右脑的几种方法

一、建立大脑皮层活动的"优势兴奋灶"

"优势兴奋灶"的建立，是努力让大脑高度兴奋起来。大脑右半球虽沉默寡言，不擅言辞，但充满激情与创造力，感情丰富，幽默，有人情味。因此，"优势兴奋灶"的建立，可以首先使右脑的相应部分处于良好的运动状态。

现代脑生理学的研究表明，大脑神经细胞只有处于一定能量状态下，才可能进行思维活动。在教学中，如果学生兴趣很大，说明其大脑中相应的神经细胞已处于高度兴奋状态，神经纤维通道畅通无阻。反之，消极情感则会抑制认识活动的开展，使智力活动迟钝、受阻。因此，建立"优势兴奋灶"的关键是提高对完成学习任务的兴趣，努力集中注意力。

怎样提高学生学习兴趣？杰罗姆·赛默尔·布鲁纳（Jerome Seymour Bruner）在《教育过程》中指出："学习的最好刺激乃是对所学材料的兴趣，而不是诸如等级或往后的竞争便利等外来目标。"一般来讲，学生在尚未接受学科教学之前，其情感控制系统多处于未被激活状态，即学生一般尚无自发学习的动机，教师则须创设教学情境，引导学生发掘各门学科的新奇特点及引人入胜之处，学习内容的趣味性可以引起学生对该学科的肯定性情绪倾向。

二、多观想静像与动像

"静像"指静止的图像,"动像"指运动的图像。后者的观想层次比前者高。右脑是以图像为载体的,故在教学中要引导学生多观想图像。

用地形图、细胞图、等高线图、几何图、三视图及模型等来表达形象思维,在中学各门学科的课本中随处可见。但是很多学生却不会观想图像。因此,在教学中教师必须引导学生运用形象思维,经过联想、想像的活动使他们掌握图像所表达的微观的、动态的现象及其意义。

例如,在研究两圆公切线的作法时,可以引导学生这样观想:如果让两个圆以同样的速度缩小,那么当较小的一个圆变成一个点时,大圆的半径就缩小为两个圆半径的差,作两圆公切线的问题就变为过圆外一个点作圆的切线的问题。这样让图像运动起来,对于问题就能更容易理解和记忆。

三、多进行顺思与逆思

"顺思"是指顺着常规思路考虑问题,"逆思"是指逆着常规思路考虑问题。

开发右脑应高度重视"顺思"的训练,最好每天抽出 10 分钟时间,锻炼自己对人、事、物、理的逻辑分析与逻辑综合的能力。"逆思"有反常、超常的特点与功用。

横面思考法是一种突破常规的思考法,即一种利用我们的创造力及想象力的思考法,它和常规的逻辑思考法是很不同的。

横面思考法不是推理,不是一步一步进行的,而是要摆脱原先给出的问题的牵引,转向其他方向思考。比如,小孩子玩捉迷藏,大多数都只在平地上四处走动躲藏,但有一位聪明的小朋友,他爬到了树上,亦即摆脱了原先平面的限制,转向另一个思维方向解决问题。

目前的教育制度只着重进行逻辑思维的训练,学生在考试和做作业时,必须依着问题给出的指示,一步一步进行推理、找出答案。换句话说,必须甘于接受问题的规限,而不可有自我创造的余地。学生接受了十几年的逻辑思维训练,便越来越失去横面思考的能力。因此,教师在教学中必须加强学

生横面思考法的训练。下面介绍两种"逆思"的训练方法。

1. 倒读法

倒读法可准确地考查你的智力水平，当然也是提高智力水平的一种训练方法。一般来说，倒读时认不出的字多半是你未真正掌握的，应当引起重视。训练倒读法一段时间，可达到正读一样的速度。

2. 倒背法

倒背法即将一句话（也可以是一段话或一篇文章）倒着背出来，如将"开发右脑至关重要"倒背为"要重关至脑右发开。"

四、多进行左、右脑的思考模式的训练

脑科学理论研究显示，人类左脑和右脑负责不同的思考活动。左脑思考模式的最大特点就是有次序，一点完了才到另一点；右脑则不同，右脑思考是全面的、即时的。右脑这种思考模式，对创造力是相当重要的。

但很可惜，长久以来的教育制度都只注重培养逻辑、数字、语言、记忆等技能，即左脑思考，对音乐、美术、创作等右脑功能却甚少训练。

要想大脑总体智能得以充分发挥，左右脑应同时训练，而不是厚此薄彼。只有当左右脑互相沟通合作，我们才可以发挥最大的创造力。因此，在教学中教师必须根据教材特点，引导学生进行左、右脑思考模式的训练。例如，学习时通过数学图形、地图、物理和化学图像，先让学生以直觉猜测问题的答案，再经过推理、论证得出正确的答案、科学的结论。这样，直觉与论证结合就使左右脑同时得到了训练。

五、多进行益智训练和体育锻炼

著名教育学家苏霍姆林斯基认为，儿童的智力发展体现在手指尖上。因为人的每块肌肉在大脑皮层中都有相应的"代表区"——中枢神经，其中手指运动神经所占的区域最为广泛。让学生练习弹琴，特别是钢琴、风琴、电子琴等需左右手并用的琴效果更好，因为手指运动能激活大脑皮层中的神经细胞，从而达到益智的目的。

适度的体育锻炼能促进大脑的血液循环和脑组织的新陈代谢，而且体育活动还能开发右脑的潜在功能，活跃形象思维，如让学生在做体操时有意识地多重复几次左手和左腿的动作，这样可以刺激右脑。

当然，最有效的办法莫过于在生活中经常有意识地使用左侧肢体，如左手下棋、拿物品、用筷子等，但是一定不要强迫学生改为"左利手"，那会导致他们精神紧张，走向益智的反面。

训练右脑的方法很多，还可以通过潜意识、脑电波、学习记忆术、主动接触音乐及美术等方式来训练。

第二节　怎样在物理教学中开发右脑

形象思维绝非文学艺术家的专利品，它"人皆有之"，更为自然科学家所重视——只是称其为"想象"。爱因斯坦曾经说过："想象力比知识更重要，因为知识是有限的，而想象力概括着世界上的一切，推动着进步，并且是知识进化的源泉。严格地说，想象力是科学研究中的实在因素。"爱尔兰物理学家约翰·廷德尔（John Tyndall）指出："有了精确的实验和观测作为研究的依据，想象力便成为自然科学理论的设计师。"伏尔泰谈得更具体："看到了有人用一根木棒掀起一块用手推不动的大石头，积极想象就能创造出各种各样的杠杆，然后还能创造出各种复杂的动力机，这种机械只不过是杠杆的改装而已，必须首先在心灵里设想出机械及其效能，然后才能付诸实现。"这正是马克思所阐述的，建筑师在建造房屋之前，已经在自己的头脑中把它建成了。其实，心理学家对想象所下的定义，也表明它就是形象思维。

那么，在物理教学中如何加强形象思维能力的培养呢？

一、充分发挥理想化方法的教学功能物理学研究

形象思维过程是一个形象的综合分析过程，是从众多的已有表象中，根据某种需要，分析出某些共同的本质要素，然后按照新的构思重新综合，创造出新形象的过程。其独特形式之一乃是典型化，也就是根据同一类事物的共同特征，创造出新的典型形象的过程。典型化是文学艺术创作的重要方式，

所谓"典型环境中的典型人物"，在自然科学研究中则称为理想化方法。它实际上是唯物辩证法中，要抓主要矛盾和矛盾的主要方面的辩证方法的体现。

在物理学研究中，理想化方法表现为：其一，理想模型，就是建立一种高度抽象的理想物理形象，并赋予它一定的物理概念，包括理想物体（如质点、光滑平面、点电荷、薄透镜等）和理想系统（如保守力系统、热力学系统等）；其二，理想过程，就是用一个理想化的物理过程形象，近似地反映某些实际物理过程的主要特征形象（如匀速直线运动，气体的等温、等压、等容过程等）；其三，理想实验，就是以一定的实验观察为基础，在大脑中进行的一种理想化的思维过程，它不是实践活动，而是"思想中的实验"。

理想化方法用物理表象信息和物理概念信息激发整个大脑，使形象思维和逻辑思维相辅相成，以便认识物理世界的奥秘。它的具体应用贯穿整个物理教学：物理教学处理任何问题都要先确定研究对象，而所有的物理对象都是理想模型；解决物理问题的关键一步是分析物理过程，而所有的物理过程都是理想过程；物理问题的研究，又往往要进行理想实验。例如，当我们研究第一宇宙速度时，地球和人造卫星都被视为理想模型——质点，人造卫星绕地球的运动则是做理想过程——匀速圆周运动，提出第一宇宙速度的分析过程，则根据平抛运动的性质，得出抛体的初速度大到一定值时，就变成人造地球卫星，这正是牛顿当年所进行的理想实验。

二、培养形象思维能力的天地十分广阔

人类对大脑机能的认识还很不够，虽然对逻辑思维的研究已经比较深入，但对形象思维的探索才刚刚起步。我们认为：开发右脑功能的天地是十分广阔的。我国的诗词宝库中有许多诗句准确地描述，甚至完美地解释了物理现象，广泛地涉及力学、声学、光学等领域。例如：毛主席的"坐地日行八万里，巡天遥看一千河"，梁元帝的"不疑行船动，唯看远树来"等，描述的是静止、运动、参考物；王之涣的"欲穷千里目，更上一层楼"等，描绘的是光的直线传播；于良史的"掬水月在手，弄花香满衣"，刻画的是平面镜成像。诗中有画，画中有诗。教学中恰当地引入这些案例，不仅能利用其艺术

性激发学生的学习兴趣，而且可将其展现的艺术表象转化为科学表象，充分发挥形象思维的功能。

有些物理规律很难用具体的形象描绘，但借助函数图像仍可发挥形象思维的教学功能。例如，在探究性学生实验中，当测量出一系列数据后，即可用图线法探寻物理规律。教学中要重视培养学生读图、看图、作图、用图的技能，促使形象思维与逻辑思维相映成趣。

学生在课外活动的实践性环节中，譬如制作航空模型、航海模型时，"构思成形"及"制形成物"都是进行形象思维的具体过程。

应让学生在课外阅读一些科技读物、科幻小说等，要激发他们广泛的兴趣，培养其对文学艺术的热爱，使他们能歌善舞。

第三节　怎样在英文教学中开发右脑

一、直观法

学生学习英语这门第二语言时，不像学习母语那样，能够有一个立体生动的实际语言环境，学生首先接触的是写在书本、黑板上的一串平面死板的文字。要使学生对这些以平面感觉出现的知识记得牢、理解得深刻、进而灵活运用，就必须把这些文字从平面中解脱出来，变成立体形象的东西，培养学生的直观能力。比如词汇教学中，我们可以大量采用直观教具，如实物、活动图片，使学生记忆单词时不再只是记忆枯燥的字母拼合，而是记忆生动形象的信息。这样的记忆会更牢固、更长久。直观教学还可以使学生更透彻地理解语言所表达的东西。结合课文绘制一些图表，一边演示、一边解释，学生对结构复杂的句子也就容易理解了。这样的直观教学活化了右脑，开发了学生的形象思维。

二、图画法

徐特立说："教学最好是从实地、实物的观察入手。"人脑工作如同用录

像机录像，信息是以某种图画、形象的形式，像电影镜头似的记入人的右脑，然后左脑一边观察右脑描绘的图像，一边把它变成符号、文字、语言。右脑如果开发不好，就会影响左脑的工作。这其实是人认识事物的规律，由感知到理解。学习外语也应遵循这一规律，所以笔画、图形、符号的利用是英文教学的重要手段之一。新课的导入有时也可采用图画法，讲高一 Lesson l2 pollution 一课时，出示一幅山清水秀的画和一幅空气混浊、到处烟尘滚滚、颜色暗淡的画，要求学生用英语描绘，然后选择喜欢的地方说出理由，由此导出 pollution 这个话题。

三、音乐法

音乐法是一种暗示教学法。在教学中如果适当利用一些音乐来做背景，有利于刺激右脑，减轻学生心理压力，凝聚注意力，稳定他们的情绪，振奋学生的精神，缓解左脑思考问题产生的疲劳，达到左右脑的协调统一。在训练学生的听力时，如果总是翻放课文录音带或其他纯学习性质的录音带，学生容易觉得疲倦、感到沉闷，提不起兴趣。但在适当的时候放一些适宜学生听的英文歌曲，既能起到放松作用，又能让学生在听音乐的过程中不知不觉地锻炼听力，模仿地道的英语发音。在课文阅读或朗诵过程中，也可以适当配上一些古典音乐或轻音乐，但要注意不是一切音乐都有益于右脑。适宜右脑的音乐的特征是无语言感，不引发理性思考，仅仅是一种迷人悠闲的曲调。

四、情感法

作为口语，英语是一种发音柔和、节奏感强的语言，它通过语调的升降变化、句子重音位置的变化来表达说话人丰富多彩的感情变化；作为书面语，英语通过不同的修辞、语法知识来表现作品中人物复杂的心理活动，或是作者本身的感情。根据英语这个特点，在教学中充分利用录音机这一现代化教学工具，播放地道的英语录音带，引导学生判断语调变化、句子重音位置，让学生模仿，要求做到表情达意，绘声绘色地朗读。在分析课文时，指导学生欣赏修辞、语法知识表现出来的美。如在讲授高二 Lesson 10 and 11 The Last

Lesson 时，组织学生分析人物心理活动，作品如何通过虚拟语气这一语法把主人公的懊悔心理表现得淋漓尽致，从而体会感情之美。这也是开发右脑的一个做法，因为右脑的功能之一是产生内感受。

五、整体法

右脑具有整体把握功能。高中英语教学的目标是培养学生的阅读理解能力，即培养学生的整体观，开发其右脑。要培养学生的这种能力，就必须把英语课文作为一个整体来教。如果像传统教法那样，课文教学由始至终都是逐字逐句讲解、翻译，学生的水平只能永远停留在理解字句上。课文整体教学使学生对课文有了整体观念，从而抓住课文的重点，领会中心思想，最终达到提高阅读理解能力的目的。在课文整体教学中可以按下面几点方法来做。

①课文练习：提出问题，让学生根据问题进行预习，自行学习生词，对课文大意有初步了解。

②课文的快速阅读：要求学生在限定时间内快速完成课文阅读，完成有关课文大意的练习，培养学生的语感。

③课文分析讲解：把整篇课文分成一个个小整体分析其中的重要语言点，最后在老师指导下总结出每个小整体的大意。

④课文归纳：对课文大意进行复述，缩写课文，进行课文大意的听写（Dictation），使学生对课文的中心思想、课文中出现过的语言点再来一个整体的巩固。

六、情境法

情境法是指在课堂上设置模拟语境学习语言知识的方法，是运用语言进行交际活动的准备阶段，是徐特立强调的理论联系实际的方法。这种方法避免了脱离实际、讲太多语法知识、老师满堂灌的现象，学生可以在老师设置的具体语境中自行体会句型、语法的用法，总结其规律，从而也锻炼了形象思维。因为受到情境的刺激，学生可以进行丰富的联想，所以老师设置怎样的情境很重要，一定要尽量接近实际，尽量生动有趣。如在教高一 Lesson 14 Watching Ants 时，可以设置这样一个情境，我扮演了蚁城的参观者，让学生扮演蚁后、工

蚁、育婴蚁等各种角色，向我介绍自己的名称、工作范围。通过这个特殊的情境，学生不仅掌握了蚁城的社会分工，而且学会了如何用英语自我介绍和介绍他人。学生不再只是一个旁观者，而是参与了一次生动的语言活动。

七、交际法

情境法是在模拟的语境中进行的，它所培养的显著能力是语言能力。但是语言是有社会文化功能的，在真正交际中，除了要注意句法的正确性，还要注意其可行性、得体性和可接受性。因此，在英语教学中，不但要培养学生的语言能力，更重要的是要培养学生的交际能力。这里的交际法区别于情境法，是给学生提供真正的交际环境，学生可以表现出更多的想象力和创造性，因为在真实的环境中，学生可以根据自己所掌握的语言知识自由发挥。在培养学生的交际能力方面，可做以下努力：坚持全英语教学，每堂课前五分钟进行 free talk，话题尽量采用学生身边发生的事或是他们都关心的社会大事；根据课文内容组织英文辩论赛，如教完高二 Lesson 9 Sports&Games，组织论题为《中学阶段是否应该增加体育课》的辩论赛，学生踊跃参加，辩论得很激烈。学生的口语超水平发挥，此外我还让学生坚持用英文写日记。

以上的做法是我工作一年多时刚刚学习徐特立教育思想，在右脑开发中的一些非常肤浅的尝试，取得了一定的成效，带动了学生学习英语的兴趣，现在写出来是迫切希望能得到同行的指点和帮助。

第四节　鼓励有创造力的摩擦

美国日产汽车设计学院创办人杰瑞·赫希柏（Jerry Hirshberg，以下简称"赫希柏"），在 20 世纪 90 年代初期，提出了"有创造力的摩擦"概念。

尽管企业已经开始了解多元化的优点，但这种多元化仍是局限在性别与专业领域的多元化。而员工的种族与思考逻辑不同，就常会产生不同的看法与观点，形成冲突。

赫希柏指出，这些冲突能带来充沛的创新潜力，带来创意方案。这便是

"有创造力的摩擦"。

例如，美国日产设计学院在将J130型汽车的设计给日本日产的员工看了后，才发现由于美国汽车文化重视车子侧面造型，使J130在重视车头的日本人眼中长了一张生气的脸。经过细部调整后，J130成为跨文化畅销车种。

玩具制造商美泰（Mattel）旗下的费雪（Fisher-Price）玩具公司积极雇用非美国裔的员工。在该公司进行新员工的教育训练时，新员工常被鼓励接手主导训练，讲解他们母国中的玩具产业发展。新旧员工齐聚，迸发出许多产品创意火花。

许多经理人对于思考逻辑差异所带来的摩擦感到非常头痛，也忽视这种冲突所带来的利益。

人类左脑偏向理性、细节化与直线逻辑，右脑则主导感性、直觉与价值导向的思考。而不同的人，对于用哪一部分脑部思考的偏好会有所不同，因此会产生差异。

习惯右脑思考的日产汽车设计人赫希柏，常常即兴地勾画许多美好愿景，他的属下却不断地质疑各计划的构架与可行性。他曾经认为这些唱反调的左脑思考员工根本是在扼杀创意，但经过思考方式诊断与长期合作，他才了解到这些员工的意见，反而更能协助他逐步落实愿景。

基于许多类似成功案例，笔者建议经理人必须让一个部门同时有各种特质的成员。

对于这种冲突的管理，经理人首先要让员工了解，自己是属于哪一种思考类型，进而尊重其他类型的同僚，只有这样，才能避免摩擦变成无效率的个人冲突。

然而，在现今组织人事普遍冻结的环境下，管理者常常无法同时拥有各种类型的员工。就此，可以透过与其他具有互补类型特质的部门合作，或是聘请外部顾问，甚至实习生来提升多元化的工作流程。如果都不可行，那么就必须更加保护拥有少数类型特质的员工。传统上，这些员工常常因为行为与思考上的另类而被视为异类，导致郁郁不得志甚至离开。

然而谈到团体创造力，这些"异类"却是珍贵稀有资源，能为团队触发不同的想法，从而激励创意。

第八章　儿童右脑开发术

第一节　开发右脑可以从儿童开始

日本教育专家七田真教授相信，人类的右脑具有不可思议的能力，但在成长过程中，这种能力却逐渐消失。所以，当孩子还在准妈妈的肚子里时，可以通过母子之间的爱的感应，开发孩子的右脑能力。

七田真日前做第一次公开演讲，接受本报访问时说，育儿其实并不伤脑筋，只是父母不得其法，因而缺乏生儿育女的信心。父母有信心、放心，自然会多生。

人们不孕、不生育的原因很多，包括环境污染或者担心幼儿患有先天性身体残障等病症。七田真认为，只要正确采用右脑教育启发，通过胎教方式让胎儿自行调理，就能生出活泼健康的孩子。

七田真说："准妈妈不妨在胎儿时期就开始试着与宝宝对话，建立心灵感应或互动。准妈妈对腹中的宝宝说：'身体不好的部分自己都能治好，健康生下来。'婴儿出生时就全靠自己的力量，因为婴儿具有这样的能力，这就是右脑的功能。"

虽然胎儿的头还没完全成形，但却可以使用下位层的脑。准妈妈与胎儿的沟通通过"心电感应"及"想象"而产生，它不与左脑相连，只与右脑相连。想象，使婴儿在妈妈肚子里看到爸爸的脸及外面的景色；想象，也具有治疗疾病的力量。

其研究个案也显示，使用七田真式胎教的母亲不仅顺利分娩，而且孩子

天生健全，很快就能说话，吸引能力佳，个性沉稳又容易。他说，父母这才发现："原来，带孩子是那么轻松快乐的事。"

七田真说："即使是患有唐氏症、先天智障的儿童，经过七田真式右脑教育后，也能发挥很好的学习能力。"

七田真说："最重要的是父母对孩子的态度。若父母认为孩子不行或漠不关心，孩子就往往不行。只有父母先改变，孩子才会改变。"

他因而承担的最大挑战是：如何改变父母对幼儿教育的心态！

而对父母来说，右脑教育最大的挑战是：你到底真心爱孩子吗？爱孩子，不是给孩子压力。因为右脑教育是一种心灵教育，以一体感、协调、梦、和平为基础，透过心灵交涉得到对方的感应。"心"的教育就是"认同、爱、夸赞"，妈妈给孩子爱心，孩子感受到妈妈的爱，才有助于右脑潜能的开发。

七田真举例，当孩子不乖时，父母只需紧紧拥抱孩子，告诉孩子："我爱你。"多多拥抱孩子，肯定、赞美孩子，有助于培养孩子的自信心及良好行为。只是培育"聪明"的孩子还不够，孩子的"心灵"素质才是最重要的。

右脑训练方法第一步：想象训练。每个孩子都具备看到影像的能力，妈妈在自己额头处想象要传出的影像，将其传到孩子额头，让孩子接收。

方法：制作一张橘色卡片，中央贴上直径3.5厘米的蓝色圆，让孩子进行"一点凝视法"。让孩子合上眼，在可看到残像的颜色中告诉孩子："你的头脑看得到红苹果。"影像就会立即出现在孩子的脑中。母亲也可手拿两张颜色的纸，在脑中想着其中一张纸的颜色，再让孩子挑选母亲所想的颜色。这些想象游戏，玩5分钟就足够。

能够"看到"理应看不见的影像，表示右脑已开发。如此一来，吸收力、记忆力、理解力、创造力都会令人刮目相看。

据说，在日本很多人听完右脑教育专家七田真教授的演讲后，往往会有想生小孩的冲动。

七田真经过40多年来钻研、提倡"右脑教育理论"，以开发人类未知的潜能引起广泛瞩目。

七田真教育研究所自1978年成立以来，已在日本建立400多家实行七田真式教育的幼稚园，学生总数2万名，韩国也有60家幼稚园和7 000名学生。

这套方法几年前也引入我国台湾，掀起一阵"脑内革命"热潮。

七田真档案

1929年生于日本岛根县。美国新港大学日本部教育学院教授、日本教育学检定顾问、日本科学会顾问、七田真儿童教育协会校长。

曾获日本文化振兴会颁发的"社会文化功劳奖"，以及国际学术会颁发的"世界和平功劳奖"。

著有《婴儿是天才》《知能与创造之科学》《超右脑革命》《右脑智力革命》《全脑时代》等。

第二节　比尔·盖茨儿童时期的右脑开发

当人们惊叹于比尔·盖茨惊人的财富的时候，在一本有关比尔·盖茨的传记里，记录了许多比尔·盖茨儿时的趣事。

比尔·盖茨为了玩三连棋，13岁的时候编写出他人生中的第一个软件程序。比尔·盖茨不仅"胡乱鼓捣"他的玩具，而且总想着怎样改变它们。他通过细致观察，用纸板和一箱蜡笔制作出一艘带冷温控制的太空船玩具在与小朋友一起玩耍时，他即兴制定出"红色小车可以超过所有的车"等游戏规则。这种给一个玩具赋予更多功能的游戏，就是一种创造性活动，是右脑思维的结果。

"3岁看到老"，我们从比尔·盖茨儿童时期就醉心于创造性游戏、创新性思维活动（制作太空船）的表现中，就不难发现，为什么他能够通过一次次升级及一次次创新独霸世界软件市场！

1998年底风靡华夏的《学习的革命》一书对什么是素质教育，为什么要开发右脑做出了精辟的阐述。

·我们会掌握内容的10％，听到内容的15％，但亲身经历内容的75％。

·学习是生活中最有趣和最伟大的游戏。

·人们学喜欢的东西，会学得最好；学习时使用所有的感觉，会学得最快。

·在一个人一生中前 4 年里发展起来的是学习能力的 50 %，而不是知识的 50 %，也不是智慧的 50 %。但就是这早期的岁月里，婴儿的大脑完成了学习能力的 50 %，大脑细胞是将来所有学习的通道。家庭，而不是学校，是世界上最重要的教育机构；家长，而不是教师，是主要的启蒙教育者。另外 50 %的学习能力是在 4 负后，8 岁前发展起来的，这并不意味着应把婴儿的家变成正规的课堂。正相反，事实上婴幼儿是通过玩耍与探索而学习的，反而是正规的课堂需要重新设计。

遗憾的是，我国长期以来的应试教育不知使多少位有比尔·盖茨一般天赋的青少年与成功失之交臂，更重要的是扼制了青少年创造力的发挥，抑制了个性的发展，右脑的神奇功能被应试教育搞得丧失殆尽。

第三节　借助外语开发右脑

美国神经外科专家发现：儿童学会两三种语言跟学会一种语言一样容易，因为当孩子只学会一种语言时，仅需大脑左半球，如果同时学习几种语言，就会"启用"大脑右半球。

第四节　借助音乐开发右脑

国内外许多专家认为：音乐具有开发右脑潜能，调整大脑两个半球的功能的奇特功效。

人的大脑左半球负责完成语言、阅读、书写、计算等工作，被称为"语言脑"。大脑的右半球负责完成音乐、情感等工作，被称为"音乐脑"。由于人类生活离不开语言，"语言脑"的利用率特别高，"音乐脑"的利用率则特别低，从而造成左右脑的功能失调。由于"音乐脑"能使人产生创造力、联想力、直观力、想象力及灵感，如能够设法开发利用"音乐脑"，那将会提高人类的智能。研究者强调说，"音乐脑"在幼儿时期至关重要。幼儿期是"音

乐脑"的推理能力和空间想象能力的形成时期，这一时期"音乐脑"的思维模式不仅容易形成，而且能永久保持。所以，幼儿期如能让孩子经常学音乐、听音乐，就可以大大地开发"音乐脑"，提高孩子的智能，这对孩子的一生将产生重大影响。

著名心理学家劳伦斯（Laurence）强调："只有当大脑右半球即'音乐脑'也充分得到利用时，这个人才最有创造力。"因此，希望年轻的父母能经常让孩子听音乐、学音乐，或对孩子进行音乐训练。

第五节　从音乐活动入手开发小班幼儿右脑的方法

科学地开发幼儿的右脑，不仅能促进其智力的发展，而且有利于其身心的健康发展。在实践中我们可以灵活掌握，根据幼儿的实际情况来选择训练的内容。

一、利用小班幼儿对音乐的兴趣，培养他们初步感受美的能力

在幼儿游戏及日常活动中，给他们播放一些他们喜欢的、旋律优美动听的世界名曲如《天鹅湖》等，这些乐曲的形式、内容均符合幼儿欣赏水平，幼儿也能理解。通过那一首首优美的乐曲，把幼儿带入美的境界。最初，可以将音乐所展现的内容，用恰当的、幼儿能理解的语言讲述给他们听。渐渐地，幼儿在听乐曲时，也能够把自己的感受用简练的语言讲述出来，有的幼儿听着听着还会情不自禁地随着乐曲舞动起来。虽然舞姿不是很优美，动作也不是很熟练，但这都是幼儿内心情感的真实流露，也是培养幼儿初步感受美的最初成效。

在此基础上，我们要调动幼儿的多种感官，对他们进行初步的节奏训练。小班幼儿对于节奏的掌握比较困难，简单的说教幼儿不但听不懂，也不易理解。我们可以将节奏训练融入幼儿的各种活动，如肢体活动，尤其是左侧肢体活动，通过这些活动来刺激右脑，从而达到活化右脑的目的。又如，在说儿歌时，刚开始

要求幼儿边说边拍手，手口速度一致，然后让幼儿在心里说，但拍手速度也要一致，这就要求他们脑想、手动、心里说，从而培养他们初步的节奏感。

二、为幼儿选好音乐教材，让他们通过欣赏活动，发展想象力和创造力

以往的欣赏活动是幼儿园音乐教学中最薄弱的环节，教师一般很少选择教材，即使选择了，也就是安排幼儿听一至两遍音乐，然后告诉他们这支曲子的名称等一些较浅显的知识，就算是完成了这次欣赏活动。我们要吸取以前的教训，更多地启发幼儿充分发挥想象力，将自己对音乐的理解和感受用语言或动作表现出来，这也给大脑增添了必要的营养，有助于右脑创造形象。

为了提高幼儿的欣赏水平，在选择教材时我们可以多选择一些旋律优美、节奏鲜明、具有一定风格的音乐，采用启发引导的方式对幼儿加以影响。如《小人国的飞机》这段音乐就很有特点，听完后我们启发幼儿讲述自己的感受。幼儿充分发挥自己的想象力，有的说："好像气泡冒出来。"有的说："好像巨人在走路。"最后，每位幼儿把自己的感受编成一个小故事。其中，有位小朋友编的故事是："有一个小矮人驾驶着飞机在天上飞，一不小心掉进盆里，冒出了许多小泡泡，他使劲把飞机拉上来，又飞上了天空。"

在选择教材时，我们还可以选择一些形式短小、内容集中、有强烈对比

度的乐曲供幼儿欣赏。例如，将两段用不同乐器演奏的曲子组合在一起。第一段乐曲用长管演奏，旋律比较低沉、稳重，幼儿听完后联想到大象、狗熊、肥猪、大狮子等十几种动作笨拙的动物；第二段乐曲由电子琴演奏，旋律优美、节奏明快，幼儿听完后联想出小鱼、小鸟、蝴蝶、小天鹅等一些小巧灵活的动物。这说明，幼儿在听音乐时大脑中会不断浮现与音乐有关的物体形象，产生了联想。可见，在欣赏音乐的同时也刺激了大脑活动。

第六节　体育锻炼会使儿童更聪明

如今，有不少父母往往只注意孩子的营养，而忽视了让孩子参加一些必要的体育锻炼，他们生怕孩子碰伤、跌坏；还有些教师经常把繁重的作业压在孩子的身上，弄得孩子透不过气来。

其实，让孩子经常到户外，在新鲜空气和阳光中进行锻炼，不仅活跃了他们体内的代谢过程，增强了体质，而且对智力的发展也会产生积极的影响。美国生理学家在对幼鼠做的一个实验中证实，运动刺激可有效地增强大脑的重量与皮质的厚度。有位专家通过调查发现，在举行运动会的季节，孩子完成各种作业的速度和质量都明显地提高了。

这是因为运动促进了血液循环和呼吸，脑细胞可以得到更多的氧气和营养物质的供应，使代谢加速，脑的活动也就越来越灵敏。再加上锻炼时，肢体动作千变万化，也会促使大脑各个不同部位快速做出相应的机能反应，这犹如大脑神经在做各种各样的"健脑体操"。此外，每天有适当的户外活动时间，还能帮助孩子提高睡眠质量，增强记忆力。

当然，安排孩子参加体育锻炼，应根据他们的体质条件及兴趣选择一些合适的项目。在节假日里，家长可带孩子到郊外或公园等场所进行健身活动；在夏天，还可带孩子去游泳，让他们充分地接受空气、阳光和水的锻炼。

第七节　锻炼图形识别能力

图形识别能力是右脑的重要功能之一，进行图形识别的训练可有效地活化右脑、促进智力。图形识别是类型识别训练的一部分。

为了把"图形"这个词的含义同"绘画"相区别，我们把它规定为"轮廓的、线条的"，或者说是"用线条抽象化了的类型"。

第八节　实用儿童右脑开发增智法

精神发育迟滞的儿童患病率高，我国有此类儿童 1000 余万人，其病因复杂、治疗困难，目前尚无有效的治疗方法，长期以来一直是医学、教育学和社会学界有待解决的问题。近几年相继建立的特殊教育学校，多数以收容和生活技能训练为主，或把普通教育简单化后用于智力障碍儿童。临床观察和研究发现，大多数精神发育迟滞的儿童，主要障碍是抽象思维能力及语言反应能力差。国外学者提出的"左脑障碍"学说，揭示了对抽象思维及对语言材料反应能力低下的儿童，特别是精神发育迟滞儿童的右脑功能相对完好，尚有进一步开发的可能。但现行的教育模式均是以"左脑型"为主，忽视了对右脑功能的开发与训练。日本学者品川嘉也教授认为，一般人左脑使用过度，右脑使用不足，常人只使用了一半的大脑。因而，品川嘉也对普通人，特别是在儿童中做了开发右脑的研究并获得了成功。根据智力障碍儿童的心理特点和用脑习惯，以及普通儿童右脑开发增智的经验，以脑科学为理论依据，以医教结合为手段，探索开发智力障碍儿童的右脑功能，提高智力障碍儿童智力，以治疗精神发育迟滞。

第九章　联想法锻炼右脑

第一节　联想创意思维法

创造性思维是人脑思维活动的高级层次，是智慧的升华，是人脑智力发展的高级表现形态。然而，右脑的作用却常被我们忽略，是我们智力开发的"处女地"。如今开发右脑的重要性已越来越为人所认识，而开发右脑潜能，提高策划力与创造力，最为常用的就是联想法。

联想是由一事物想到另一事物的心理过程。由当前事物回忆过去事物或展望未来事物，由此一事物想到彼一事物，都是联想。每个人都会经常自觉不自觉地进行各种联想。

联想是创意思维的基础。亚历克斯·奥斯本（Alex Osborn，以下简称"奥斯本"）说："研究问题产生设想的全部过程，主要是要求我们对各种想法进行联想和组合的能力。"联想在创意设计过程中起着催化剂和导火索的作用，许多奇妙的新的观念和主意常常由联想的火花首先点燃。事实上，任何创意活动都离不开联想，联想是孕育创意幼芽的温床。

建立在联想思维基础上的联想系列创意方法是其他创意设计方法的基础，因此掌握联想系列创意设计方法是极为重要的。

联想是心理活动的基本形式之一，它是联系记忆和想象的纽带，是二者的过渡和中介。联想与回忆密切相关：许多回忆片段常以联想的形式衔接和转换，而积极的联想是促进记忆效果的一种有效方法。美学家王朝闻曾指出："联想和想象当然与印象或记忆有关，没有印象和记忆，联想或想象都是无源之水、无

本之木。但很明显，联想和想象都不是印象或记忆的如实复现。"实际上，在"联想"一词中代表了两种力的合成：若"想"代表记忆力，则"联"代表想象力。通过"想"从记忆仓库里把两个记忆中的元素提取出来，再通过想象把它们"联"在一起，即形成"联想"。当然，在现实的联想中，"联"和"想"并不是分开进行的，而是"一气呵成"或转瞬之间完成的。比如，从嫦娥联想到登月飞船，就是由想象力的作用把它们联系在一起的，所以联想并不单纯是回忆，而是有想象力的微妙作用。对于创意而言，重要的是把表面不相干的事物联系起来，而非单纯地进行回忆、回想。因此，奥斯本称创意活动中的联想是"依靠记忆力进行想象，以便使一个设想导致另外一个设想"。可以认为，联想是想象的最初步、最基本的形式。联想在创意过程中占有重要位置，善于联想常常可以由已知达到未知，实现各种创意，所以有人说"发明就是联想"。

联想是感性形象对思维过程渗透的一种运动形式，由表象而生的联想达于想象，在这一思维过程中受到"逻辑"的制约，反过来又常常受到联想的支持。联想在我国古典诗词中有充分的表现，李煜在《虞美人》中写道："问君能有几多愁？恰似一江春水向东流。"其中就用"一江春水"来联想，喻"愁"的"几多"。曹子建的七步诗："煮豆燃豆萁，豆在釜中泣，本是同根生，相煎何太急。"寥寥数语，将兄弟之间的争夺残杀刻画得如此形象逼真，显示了"联想"的魅力。其实，我国古典文学中最常见的"比喻""对仗""夸张"等，都是联想思维的必然结果。

当然，联想不是胡思乱想，要使想象的过程有逻辑的必然性。被誉为"科幻小说之父"的法国作家凡尔纳，有着非凡的联想能力。潜水艇、雷达、导弹、直升机等是当时还没有出现的东西，但都在他的科幻作品中陆续出现了，后来又都相继化为现实。令人吃惊的是，他曾预言在美国佛罗里达州将设立火箭发射站，并发射飞往月球的火箭。果然在100年后，美国真的在此处发射了首枚载人宇宙飞船。

联想会将看起来毫无关系的事物联系起来，从而产生奇特的联想。奥斯本曾谈到一件小事引起的联想："有一次我去看牙，当医生用牙钻给我钻牙的时候，我的一只胳膊触到了输送气体的小胶皮管子，我想橡胶管子多么柔软细腻，简直就像孩子的脸蛋一样。触摸橡胶管子这一事实使我联想起向德国纳粹反攻，

在诺曼底登陆前夜，正是那些看来似乎像军船、坦克和一门门大炮的充气气球欺骗了德国人。在不到一秒钟的时间里，我手底下这条胶皮管子使我联想到美国人所使用的这种圈套。"

生活中这类奇特的联想很多很多。有一则笑话："如果大风吹起来，木桶店就会赚钱。"这是怎么进行联想的呢？当大风吹起来时—沙石就会漫天飞舞—以致瞎子增多—琵琶师大量增多—越来越多的人以猫毛代替琵琶弦—猫会减少—老鼠增多—老鼠会咬破木桶—木桶需求量大增—木桶店就会赚钱。

请看，每一段联想都很合乎情理，所得结论也颇有意外的趣味性。在创意过程中，思路不畅时，这种联想会给有效的解决方案以启示或暗示。

苏联两位心理学家哥洛可斯和斯塔林茨曾用实验证明，任何两个概念词语都可以经过四五个阶段，建立起联想的关系。例如，木头和皮球，就是两个"风马牛不相及"的概念，但可以借助联想，使它们发生联系：木头—树林—田

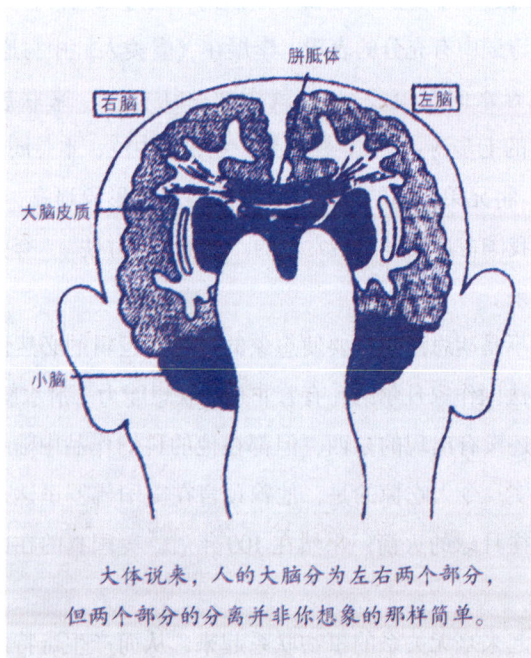

大体说来，人的大脑分为左右两个部分，但两个部分的分离并非你想象的那样简单。

野—足球场—皮球。又如，天空和茶：天空—土地—水—喝—茶。这种联想是很普遍的，因为每个词语均可以同近 10 个词直接发生联想关系，那么第一阶段

就有 10 次联想的机会（有 10 个左右的词语可供选择），第二阶段就有 102 次机会，第三阶段则有 103 次机会……第五阶段便有 105 次机会。

由此可见，联想有极其广泛的基础，为创意思维的运行提供了无限辽阔的时空。

第二节　专家买猫的启示

美国著名心理学专家丹尼尔·戈尔曼（Daniel Goleman）说："要想在事业上有所成就，必须依靠创造性思维的力量。"

在美国各大学心理学论坛上最为流行、常为专家学者所津津乐道的例子是两位专家买猫的启示，这个例子形象逼真地阐明了开发创造性思维能力的意义所在。

美国有一位工程师和一位逻辑学家，是无话不谈的好朋友。一次，两人相约赴埃及参观著名的金字塔。到了埃及，逻辑学家住进宾馆后，仍然习以为常地写起自己的旅行日记。工程师则独自徜徉在街头，忽然耳边传来一位老妇人的叫卖声："卖猫啊！卖猫啊！"

工程师一看，老妇人身旁放着一只黑色的玩具猫，标价 500 美元。这位妇人解释说，这只玩具猫是祖传宝物，因孙子病重，不得已才出卖以换取住院治疗费。工程师用手一举猫，发现猫身很重，看来似乎是用黑铁铸就的。不过，那一对猫眼则是珍珠的。

于是，工程师就对那位老妇人说："我给你 300 美元，只买下两只猫眼吧！"

老妇人一算，觉得行，就同意了。工程师高高兴兴地回到了宾馆，对逻辑学家说："我只花了 300 美元就买下两颗硕大的珍珠！"

逻辑学家一看，这两颗大珍珠少说也值上千美元，忙问朋友是怎么一回事。当工程师讲完缘由，逻辑学家忙问："那位妇人是否还在原处？"

工程师回答说："她还坐在那里。想卖掉那只没有眼珠的黑铁猫！"

逻辑学家听后忙跑到街上，给了老妇人 200 美元把猫买了回来。工程师见后，嘲笑道："你呀，花 200 美元买个没眼珠的铁猫！"

逻辑学家却不声不响地坐下来摆弄琢磨这只铁猫，突然他灵机一动，用小刀刮铁猫的脚，当黑漆脱落后，露出的是黄灿灿的一道金色的印迹，他高兴地大叫起来："正如我所想，这猫是纯金的！"

原来，当年铸造这只金猫的主人，怕猫的金身暴露，便自作主张将猫身用黑漆漆过，俨然一只铁猫。对此，工程师十分后悔。

此时，逻辑学家转过来嘲笑他说："你虽然知识很渊博，可就是缺乏一种思维的艺术，分析和判断事情不全面、不深入。你应该好好想一想，既然猫的眼珠是珍珠做成的，那猫的全身会是不值钱的黑铁所铸的吗？"

可见，缺乏创造性的思维联想将会带来多么大的损失，将会对个人的发展、事业的进取产生多么严重的影响。

当然，训练右脑智能的方法是多种多样的。例如，多听别人说话，多旅行，多掌握一些不为人知的信息及对常识持质疑的态度等。

股票市场上常流行这样一句话：人们不去的地方自有通往金山的道路。说的正是这样的道理。

第三节　寻找孩子的想象力

某电视台的工作人员搞了一次别开生面的智力测验：用粉笔在黑板上画一个圆圈儿，让文化层次不同的测试者回答这是什么。结果机关干部、大学生都没有回答。问到初中学生，一个尖子生举手回答说"是零"，没有反响；一个调皮学生大喊说"英文字母的O"，班主任仍没有回应；最后问及一年级的孩子，他们异常活跃地举起小手回答："是月亮""是乒乓球""是烧饼""是唱歌时的嘴巴""是老师发脾气时的眼睛"。后来，电视台主持人给这个节目起了个名字："人的想象力是怎样丧失的。"

从上面的测验中我们可以看到：随着人们年龄的增长、教育文化程度的提高，想象力却越来越贫乏，越来越苍白。这是违背教育规律、极为反常的倒错现象。中国孩子的想象力哪里去了？

孩子想象力丧失的主观原因有以下几点：

①封闭刻板的课堂教学，把学生定格在课堂或校内，学生很少能接触到广阔的、火热的社会生活，因而就象坐井观天的青蛙一样，其想象力可想而知。他们的作文之所以千篇一律、千人一面，正具因为生活范围狭小单一。

②死记硬背标准的答案，使学生如履薄冰、举步维艰，学习变得呆板、枯燥，学生丧失了学习兴趣，只能死记硬背，以求万无一失。

③否定孩子的自主选择。中国传统教育一直是培养"温顺""听话"的乖孩子，孩子的选择不能出格，必须与父母的意志一致，这实际上就等于堵塞了孩子的思考空间，剥夺了孩子的想象力和创造力。

那么，应该怎样培养孩子的想象力呢？

1. 让孩子接近大自然

自然是智慧之源，鲁班"锯"的发明从一种草的形状上得到启示；牛顿"万有引力定律"的发现是由于热爱风筝和风车，进而迷恋流体力学，最后从苹果落地现象中受到启发；达尔文的《生物进化论》也是从热爱小昆虫开始的。如今，城市孩子被钢筋水泥、防盗门，被旧的思想观念隔断了与大自然的接触和联系，他们变得更孤独了。有一位小学教师对班里的学生做了一次测验，得出一组数据：不知道棉花可以做衣服的占45％，不知道甘蔗能榨糖的占65％，不知道菜豆角、黄瓜长在哪里的占50％。

早在18世纪，法国启蒙思想家卢梭就提出了"回归自然"的响亮口号；俄国著名教育家康士坦丁·德米特利耶维奇·乌申斯基（Константин Дмитриевич Ушинский）也曾主张"以自然为师"。现在国外许多学校规定每星期提供半天到一天时间，让学生重返自然。

2. 满足孩子的好奇心

孩子的想象力和创造性往往来源于好奇心和动手实验，爱迪生的成功就证明了这一点。现实生活中我们常发现一些喜欢卸钟表、拆玩具的孩子，对此大多数家长往往不分青红皂白而非打即骂，认为是"瞎想""胡闹"，甚至是"破坏"，于是便用专制和轻蔑扼杀了学生的奇思怪想，这样不知"枪毙"了多少个"爱迪生"。

3. 鼓励孩子玩游戏

鲁迅说："游戏是儿童最正当的行为。"高尔基也说："游戏是儿童认识世

界的途径。"许多发明创造就是在游戏中产生的，比如飞机和望远镜。美国飞机发明家莱特兄弟在《我们是怎样发明飞机的？》一书中耐人寻味地回忆了他们从儿童时代玩用橡皮筋弹出的玩具开始，引发了造飞机的想象。

4. 别把成年人的"规则"强加给学生

成年人在某些问题的解决和处理上，在几十年里形成自己的思维定式和行为规则，但这些"规则"不一定对青少年有效，有时反而对青少年创造性地解决问题起阻碍作用。如果强行让孩子用成年人的"规则"去思考、做事，反而会伤害孩子的想象力。

第四节　穷画家变成了富翁（组合法）

美国有个名叫海曼·李普曼（Hymen Lipman，以下简称"李普曼"）的穷画家，非常用功，不过由于他的画法不得当，又没有名师指点，所以一直没有成名。那么，他是怎么变成富翁的呢？

李普曼经常用小铅笔和小橡皮画素描，往往画了擦，擦了又画。在画的时候，他经常把橡皮条弄丢。贫苦的李普曼为了不让橡皮条轻易地丢失，就开始想办法。他把橡皮切得很小，用铁皮把它固定在铅笔顶端，稍加工一下，就变成了现在在任何一个文具店都可以买到的那种附有小橡皮头的铅笔。李普曼因此而获得了专利权，后来成了富翁。

李普曼把铅笔和橡皮头组合在一起，方法虽简单，但这种把两种东西组合起来，从而产生出一种新的、具有附加价值的东西的思考方法却被人们重视，并运用到实践，收到立竿见影的效果。

例如，带帽子的羽绒滑雪衫，就是帽子和衣服的组合；被称为"傻瓜"的照相机，则由闪光灯加上电眼调节器，再加上照相机而组成；收音机加上录音机，便成了收录两用机；……这样的例子真是太多了。

你看到过上海木偶剧团演出的木偶剧《木偶奇遇记》的说明书吗？这是由中国皮影木偶艺术学会原会长虞哲光设计的。他把宣传画、课程表、纸工材料、"剧情介绍"及演职员表组合在一起，变成了一张正面是小木偶匹诺曹的宣传

画、课程表和纸工材料（剪贴就成了立体画），反面是"剧情介绍"和演职员表的别致的说明书。

由此可见，组合法的运用是很广泛的，它当然不仅仅局限于创造出一种新产品，也可以创造出一种思想。例如，马克思就是把黑格尔的"辩证法"和费尔巴哈的"唯物主义"观点，有选择地组合起来，形成马克思的辩证唯物主义思想的基础。

第五节　电吹风的妙用

电吹风的发明，解决了人们烫头发的大问题。当人们洗好头要想打扮一下自己，将头发按自己的审美要求梳成一定式样时，电吹风就显示了它的威力。电吹风的功用，首先是吹干头发中的湿气，同时也使头发鬈曲，从而构成某种样式。

但是，电吹风的这些功能却被日本的一个妇女引入一个新的领域，并由此进行了发挥，产生了新的用途。这位妇女对电吹风的妙用是在情急之中发现的。她的婴儿尿多，碰上冬天或者雨天，尿布上的尿液不易干尽管她为自己的孩子准备了很多尿布，但还是不够用。忙乱之中，她想到了用电吹风吃干尿布，一试效果挺不错，尿布上的湿气很快被吹干了。

这位日本妇女对电吹风的妙用，被她的丈夫发现了，他由此想到宾馆、医院等单位不也可以应用电吹风的工作原理来制作被褥烘干机吗？于是一种高效的被褥烘干机便问世了。

从电吹风到被褥烘干机，给我们什么启迪呢？那就是，现有的发明能否引入其他的创造性设想？或者有没有可以借用的其他创造发明成果？有没有在其他地方见到过类似的发明？等等。如果稍做改革可以扩大其用途，如果现有的发明可以引入其他的创造性设想，那么就可以发明出新的东西或新的方法来。

虽然世界上的万事万物都有其特定的、固定的功能，如扫帚用来扫地、杯子用来盛水、书报供人阅读、砖头用来建造房子……但其实这些物体远远不止这些功用。在特定情况下，扫帚还可以作支撑物、扁担；杯子可以作敲击发音

器、量器；书报可以是上好的包装纸、铺垫物；砖头则往往被充当体育训练时的重物，还可以成为袭击敌人的武器呢！因此，我们可以根据某一特定功能的需要，从自己周围的各种物体中找到可以对这个特定功能需要加以引入的条件。这个方法，我们称之为"引入法"。

运用"引入"的思考方法或者说思考问题的原则，医生便把现有的一项技术引入医疗。你一定玩过气球，也一定知道运用气体来做高空气象测量物，但你是否想到医生竟会利用气球来疏通人的血管？有些病人，体内血管被脂肪阻塞，血液的正常循环受到影响，医生就发明一种很小的气球，把它系在一个特制导管的一端，插入病人的动脉血管。当进到被脂肪阻塞的地方时，医生就通过导管给气球打气，气球膨胀后就挤开了沉积在那里的脂肪，使血液正常运行，从而消除了病人的痛苦。

又如，泌尿科医生在治疗肾结石病人的时候，想到开矿时要用炸药爆破，那么消除肾脏内的结石是否也能引入爆破技术，把结石炸碎而排出体外呢？医生想到了目前世界上一流的爆破技术，能将一幢高层建筑炸成粉末，而不影响仅隔一条街，甚至只隔一堵墙的其他建筑物。于是，聪明的医生经过精确的计算，把炸药的分量用到只炸碎肾脏里的结石，而不影响肾脏本身为止。这种技术，在医学上被称为微爆破技术，微爆破技术的运用给肾结石病人带来了福音。

第六节　罗列物品的用途

如果要举出世界上最著名的智力测试题，乔伊·保罗·吉尔福特（Joy Paul Guilford）设计的"砖块用途测验"肯定算一个。题目很简单，只有一句话："写出你能想到的'普通砖块'的所有用途。"

有人说，这样的题目难不倒任何人。是的，每个人都可能说出几种来。然而，如果将人们的答案相互对照一下，你就可以发现，思维的呆板与灵活、守旧与创新、贫乏与丰富是截然分明的。缺乏想象力的人，可能最多只想出5种、10种用途；而想象力丰富的人，却能想出成百上千种用途。缺乏想象力的人，通常只能把砖头的用途局限在建筑上；想象力丰富的人，则完全能够突破"砖

头是建筑材料"这一常规用途，从而使砖头的潜在用途大大增加。例如：使线保持垂直的坠子；可以用来压住可能被风吹走的东西；可用来抵住门脚；可当作砝码、秤砣、自卫武器、锻炼身体的器材；可以垫家具；做积水上的过路石、砸核桃或猎取野兽的工具；冬夜加热后可烘暖被褥；可做路标、暗号、实验材料、临时用的尺、演出用的道具、传授知识的教材……

总之，根据砖头的各种特性，如重量、颜色、形状、体积、质地、光滑度、硬度、亮度、保温性能、传热性能、导电性能、活动性能等，还可以想出许许多多别的特殊用途。

"难道我们会用砖头来取暖吗？"也许会有人这样问。这种训练并不需要你去考虑现实性，而是让你考虑可能性，你必须强行突破所有现实的限制。想象就是要让人们发现现实中或许并不存在，但将来可能发生的事情。想象是创造的前提，没有想象何来创造？

创造性的产生，大致有以下三种类型。

第一种：无知导致的创造性。因为不懂别人已有的方法，反而常提出别人没有想到的方法。这种情况在刚进入某个领域的新手或者孩子身上经常发生，所以不要轻易忽视新手和孩子的创见，这是很重要的。

第二种：放松带来的创造性。旧的知识会把创造性压抑起来，这时通过放松，就能把创造性释放出来。当然，这种放松不是一般的精神放松，而是抑旧放新，让大脑潜意识中具有创造活力的意识活动显示出来、发挥出来。

第三种：借助思考方法产生的创造性。例如，有些人的创造性往往来自偶然的错误，这样反而能从常规的思路中跳出来。而当我们掌握了思考技巧，就可以不必依靠偶然性或犯错误而直接走向创造的道路。

"砖头有什么用途？"这不过是个普普通通的问题，有些人可能不屑一顾。然而，心理学家却能通过这个问题去考察一个人的思维的广阔性、思维的灵活性、思维的敏捷性和思维的独立性。

第十章　右脑创造力开发

第一节　创造力与右脑开发

创造性活动一般分为准备期、酝酿期、豁朗期和验证期四个阶段。下面，我们根据各阶段对思维方式的不同要求和左右脑活动的不同特点，分析左右脑在创造过程的各阶段所起的不同作用。

在创造过程的第一和第四阶段（准备期和验证期），左脑处于积极活动状态并起着主导作用。因为在这两个阶段，人们更多的是发挥左脑的语言和逻辑思维功能，运用各种逻辑方法（如外推、类比、比较、归纳和演绎、分析与综合等），去分析资料，寻找问题症结，确定研究工作的出发点并检验假设，形成概念，最后将研究结果系统化，建立起逻辑严密的科学知识体系。

在创造过程的第二和第三阶段（酝酿期和豁朗期），右脑则起主导作用。这两个阶段是新思想、新观念产生的时期，因而也是创造性思维过程中最关键的时期。由于新思想的产生是没有固定的逻辑通道的，需要充分发挥右脑的想象、直觉和灵感等非逻辑思维功能。

想象，是人脑对已有表象进行加工改造、重新组合而形成新形象的心理过程。在创造性问题的解决过程中，人们要揭示事物的本质，把握那些不能为人们所直接感知到的事物的隐蔽联系，填补知识链条的空白，创造出不曾有过的新产品，就必须借助想象去设想事物内部过程相互联系、相互作用的图景，寻找解决问题的一般性原则和中介环节，构思新产品的形象。想象，可使人们突破个别经验认识的框子，把握普遍性；透过有限，深入无限；超越现实的时空界限，推测过去，预示未来；摆脱具体事物的束缚，自由地重

新组合。正因为有了想象，人们创造思维的过程才有了很大的自由，人们的思想才可以自由地飞翔。因此，右脑的想象功能不但在文学艺术的创作中，而且在科学研究、技术发明中，都起着巨大的作用。恩格斯将微分这样抽象的概念称之为"想象的数量"。雅克·所罗门·阿达马（Jacques Solomon Hadamard）曾在1945年向全美著名数学家寄发问卷，询问其创造过程中的思维问题。研究结果表明，在创造性的工作中，这些数学家既不用言语也不用代数符号进行思考，他们采用的是运动着的心理图像，以想象的方式进行。爱因斯坦在答卷上写道："词语或语言，当它们被书写或被说到的时候，好像在我的思想结构中不起任何作用，那些作为思想元素的心理存在是一些符号和或多或少清晰的表象，这些表象可被'自愿地'再造和联合。"爱因斯坦不仅具有极其明晰的右脑意识，而且还把想象的重新组合视为创造性思维的本质特征。对于爱因斯坦来说，思维分为两个阶段。第一阶段利用右脑的流畅性及其功能去把握并转化"视觉"和"肌肉"形式的复杂表象。在找到一种可行的解决办法之后，语词或其他符号才会被"复杂地"用来将概念转化为一种逻辑的、言语的形式，在思维的和第二阶段中左脑的活动占据主导地位。想象（视觉的或动觉的）在建立新联系、新连接阶段起主要作用，而言语或其他符号则在随后的阶段中起作用。

由此可见，右脑并非一个辅助性中枢，更多的决定都是靠它做出的。

直觉，是人脑基于有限的数据资料和事实，调动一切已有的知识经验，对于出现在其面前的新事物、新现象、新问题的本质、联系及其规律做出的一种直接、迅速、敏锐的洞察和初步的整体判断。在创造性思维过程中，一方面，由于问题空间都是不明确的，所需的事实和证据也常常十分有限；另一方面，由于不存在一种凝固不变的逻辑通道去引导我们按图索骥地构思实验、建立模型、提出假设、寻找问题解决的中介环节。因此，遵循严密的逻辑规律，通过逐步推理而得出合理的结论的左脑分析式思维方式是难以施展和奏效的。可见，右脑的直觉思维是创造性地解决问题所必需的。如果我们考察一下直觉的特点，也不难发现这显然是右脑的功能。直觉思维是跳跃式进行的，似乎不存在中间的推理过程，它直接接触到问题的实质，主体不能明确地意识到该过程的进行，也无法用言语清楚地描述出来。总之，在创造性思维活动的过程中，右脑的直觉功能在确定研究方向、选择研究课题、识

别线索、预见事物的发展过程和研究工作可能的结果、提出假设、寻找解决问题的有效途径、领悟机遇的价值等方面，都具有重要的作用。

灵感，是指人脑有意无意地突然出现某些新的形象、新的思想，产生一种顿悟，使一些曾集中精力、长期反复探索而尚未解决的问题得以被澄清的现象。在创造性思维活动的过程中，既有长时期的准备和积累，又有短时间的攻关和突破；既有经久的沉思，又有一时的顿悟。灵感就是在长期创造性实践和思考活动的基础上，思维运动发展到一定关节点时产生的一种质的飞跃。大量事例表明，灵感常受某种启发而产生。在我们周围的客观世界中，无处不隐蔽着大量的启示，使人们能取得丰富的创造性设想，从变化的背景和改变了形式的事物中将所需要的东西认出来，这往往是创造性突破关键的一步，而这种模式的再认证是右脑的一大特长。几百年来这种"无意识"的灵感一直被人们提及，这一发现给我们提供了一种解释。在大多数灵感出现时，主体往往处于一种长期紧张工作之后的暂时松弛状态，比如说散步、钓鱼、听音乐、观花赏月甚至睡梦中，此时主体精神放松，抑制解除，有着丰富的遐想和活跃的想象，右脑的无意识思维处于积极活动状态之中。所以，灵感（顿悟）易于涌现。

尽管左右脑在功能上确实存在高度专业化的分工，但我们对此的理解不应该过于绝对。事实上，大量的研究结果也表明，左右脑不仅在功能上有分工，而且还有一定的互补能力；它们在一些具体功能上虽然存在着主次之分，但一般来说都是相对而言的，而不是一种"全或无"的关系；它们既各司其职，又密切配合。比如言语功能，在词意和连接性方面依赖左脑，但其声调还需要由右脑来控制。因此，左右脑就好比是两个不同类型的信息加工控制系统，两者间存在着密切的相辅相成、协调统一的工作关系。

前面已经指出，左脑在创造性思维活动过程的一、四阶段起主导作用，右脑在二、三阶段起主导作用，这是由左右脑功能特点和完成各阶段的主要任务对不同思维类型的需求决定的。对大多数人来说，左半球在语言、逻辑思维和分析能力等方面起决定作用；而右半球则善于解决有关空间方面的问题，是音乐、美术、几何——空间和知觉辨认的主要加工系统，即它主管的是直观的、创造性的、综合性的活动。当然，这种主次作用是相对的，它并不意味着在一、四阶段中右脑就不起作用，也不意味着左脑在二、三阶段的

活动中保持沉默。因为任何创造性产物都是左右脑密切配合、协同活动的结果，纯粹的左脑思维和纯粹的右脑思维在实际的创造性思维活动过程中都是罕见的。事实上，左右脑的这种协同作用的相互关系才是创造力的真正基础。逻辑和结构方面的自由放松，能使直觉形象思维十分有效地产生观念，但无法进行逻辑评价，因而创造同样有赖于左脑的功能去把握一个优秀观点的价值，并充满逻辑地分析它尚存在的问题。

第二节　人的创造能力并非天生

　　长期以来，人们对各领域中做出杰出贡献人的创造精神常抱有一种神秘感，认为他们之所以做出不平凡的事迹，是因为他们天生具有创造能力。在心理学发展的初期，也有类似观点。如弗朗西斯·高尔顿（Francis Galton）采用谱系法研究天才遗传的问题，认为历史上的天才人物都是由遗传决定的，宣传"遗传决定论"。

　　但是，随着心理科学的发展及研究的不断深入，人们逐渐认识到：人的各种能力，包括创造力在内，既不是先天就有的，也不是后天才有的，而是先天与后天两者相互作用的结果。

　　人的创造能力是由许多因素构成的。尽管目前学术界对创造力的构成因素这一问题尚没有一个统一的意见，但发散思维是构成创造力的主要成分，这在许多心理学家中是有共识的。心理遗传学对发散思维能力的遗传决定系数，进行了实验研究。能力的遗传决定系数是指在影响能力发展的诸因素中，遗传因素所占的比重。遗传决定系数用 H_2 来表示，环境决定系数用 E_2 来表示。这里的环境概念是广义的，指除遗传因素外的影响能力发展的全部因素，包括个体出生前的胎儿环境、家庭环境、学校教育和社会历史条件等。两系数之和等于 1，即 $H_2+E_2=1$，研究表明，发散思维能力的遗传决定系数为0.22，环境决定系数为 0.78。这就是说，作为创造力主要成分的发散思维能力，它受遗传的影响只有 22 %，而受环境的影响要占 78 %。这个数字可以从侧面说明，个体创造能力的发展，起决定性作用的是环境与教育。一个人的创造力，取决于他所处的环境和他所受的教育。

第三节　人人具有创造能力

创造能力是一种创新能力，它是用新颖独特的方法解决问题的能力。大家都知道司马光砸缸救伙伴的事例，他就是用"砸缸"的方法，营救了落水的伙伴；大家也知道曹冲称象的故事，他也是用新颖独特的方法称了大象的重量。凡此种种，都在解决问题的过程中表现了人的创造能力。

我们说人人有创造能力，并不意味着每个人都有同等水平的创造能力。科学家依据创造成果的新颖程度和社会价值把创造力分为三种水平，即社会水平创造力、群体水平创造力和个人水平创造力。

社会水平创造力，是指产生历史上前所未有的，具有重要社会价值成果的能力。如科学家发现新规律，工程技术人员发明新机器，农艺师培育出新品种，艺术家写出新作品，等等。

群体水平创造力，其成果的新颖性就一个群体来说是前所未有的，而且具有一定的社会价值。

个人水平创造力，相对于个人而言是前所未有的，而且也具有社会价值。人们在日常生活、工作、学习中的一些新颖做法，如讨论问题时发表的新见解，写作中的新颖立意、独特构思，解题过程中使用的新方法，以及小发明、小论文、小制作，均可从全体的角度对其创造力水平进行评价。这种个体水平、群体水平的创造力是人人具有的，而且它又是发展高水平创造力的基础。

第四节　创造能力的构成因素

创造能力是由哪些因素构成的？回答这个问题十分重要。因为从理论上来说，培养创造力就是要激发创造力的构成因素，促进其发展。如果不知道创造能力的构成因素，就无法培养创造力。

创造力是由以下心理因素构成的。

一、认知能力

人在解决问题时，需要一系列能力的相互作用与配合。首先，要求个体对问题进行认知，这需要观察力；其次，要求个体把与解决问题有关的信息暂时保存在头脑中，这需要工作记忆；最后，还要求个体对信息进行分析与综合的加工，这就需要符合思维能力。观察能力、工作记忆、思维能力，我们统称为认知能力，它是创造能力的基础。

二、创造性个性

创造性个性，包括独立性、冒险敢为、自信心、表达欲等多种成分。创造性解决问题，要求用新颖独特的方法解决问题，对个体具有挑战性，要求具有冒险敢为精神的人来承担。从事创造性活动，意味着不依常规而解决问题，独立性强的人才能胜任，自信心强的人才能完成。总之，只有具备创造性个性的人才能完成创造性活动的任务。可见，创造性个性在创造性解决问题中具有动力的作用。

三、发散思维能力

与符合思维不同，发散思维的方向是分散的，是一种产生多种正确答案的思维能力。人在解决问题的过程中，经常是想出多种解决问题的方法，然后从中选出一个最佳的，使问题得到解决，特别是不依常规的创造性解决问题更是如此。我们可以设想，司马光见到小伙伴落入水缸中，开始时也可能想到通常的救人方法，比如用手把小伙伴捞出来，但因个子小、力气也不够，此法不行；叫大人来救，可时间来不及，这种方法也行不通；后来，才想出"砸缸"这种新颖独特的方法。可见，发散思维能力在创造性解决问题中，起着核心的作用。

总而言之，创造力的构成因素包括解决问题所需要的认知能力，起动力作用的创造性个性和起核心作用的发散思维能力。

第五节　怎样开发儿童的创造力

　　有人以为创造、发明是学者、专家、教授的专利，其实这种观念并不对。学者、专家虽然满腹经纶，学富五车，但终生无所创造的不在少数。知识相对贫乏的后来者常能超过前人，创造力、智力、学业成绩三者之间既有联系，又有区别。高智力者，学习成绩并不一定优秀，只要是智力中等偏上的人，其智力与创造力就没有明显的相关性。创造力是需要开发的，是能够开发的。世界一流科学家在学校里大多有痛苦的经历：牛顿曾被视为愚笨儿童，达尔文曾被校长断定为不可造就的人，爱迪生上学不到 6 个月就被学校开除，爱因斯坦两次考大学未被录取，李比希曾被校长、同学嘲笑，历史学家司格特在学校曾是成绩最差的学生。要想培养创造型人才，就要转变观念，转变教师的学生观。创造力人人都有，并不神秘。由于儿童受思维定式约束少，在儿童嬉戏玩耍的游戏中，在儿童恶作剧的活动中，常常蕴藏着创造的火花。

　　创造力起源于好奇心。好奇心是神圣的，是科学发明的巨大动力。牛顿夏日乘凉，微风吹来，熟透了的苹果落下来砸在他身上，他突发奇想，苹果熟了怎么往地上落，不向天上飞呢？这引起了他的兴趣，从此他潜心研究，终于发现了万有引力定律。居里夫人说："好奇，是人类的第一美德。"瓦特小时候看到壁炉里壶中的水开了，热气冲击壶盖"咔咔"直响，他尖声怪叫。奶奶听到叫声急忙从阁楼上跑下来，瓦特指着壶对奶奶说："壶盖乱跳！"气得他奶奶七窍生烟。水开了，热气冲得壶盖跳有什么可大惊小怪的，历来如此。可这件事引起了瓦特的好奇心，从此他潜心研究，终于改进了蒸汽机，引发了第一次工业革命。科学家之所以对人类文明做出巨大贡献，是因为他们在别人习以为常的时候问了个"为什么"。儿童的天性就是好奇、好动，所以我们要加倍爱护儿童的好奇心，珍视儿童的求知欲，促使儿童创造的天性得以表达。

　　成功是靠失败推动的，"失败是成功之母"这句话是很有哲理的，但这是有条件的，只有失败是暂时的、成功有很大把握的时候，失败才能成为推动

人的锲而不舍的力量。小学儿童还不具备由未来规划现在的能力。在儿童心目中，任何失败都是永恒的，是灾难性的。让儿童遭遇失败，是不人道的，是残酷的。一个心理学家说得好："成功，是靠失败推动的。"教师应该成为儿童成功的源泉，应竭尽全力，创造一切机会，让每一个儿童都能享受到成功的欢乐，让孩子在成功的一片欢歌笑语中迈向更大的成功。

开发儿童的创造力：一要培养儿童对科学的好奇心。二要培养其创造的人格，培养其发明创造的意向。爱因斯坦说："科学上的成就，在很大程度上决定于人格的伟大。"科学偏爱有准备的头脑。三要教给学生创造发明的方法，帮助他们勤于思索、善于思索，从小就接受创造发明的训练。创造性才能（发散思维能力）、创造发明的技巧方法、创造发明的意向，是创造性人才赖以成长的要素。

第六节　用"无限制的自由讨论法"开发青年人的创造力

1939 年，奥斯本发明了一种无限制讨论法来开发青年人的创造力。其做法是：召集一些人在一起开会，要求与会者提出新思想。与会者要遵循以下四个原则。

①废止批评。

②畅所欲言，欢迎随心所欲。

③想法越多越好。

④相互补充，参加者对小组其他人的想法，尽可能提出如何改进的建议。

奥斯本认为，参加者的理想人数是 5~10 人。小组里有一人主持，由他来解释会议应遵循的原则，并按原则主持讨论。

奥斯本的"无限制的自由讨论法"，都是围绕实际问题开展的，比如他曾提到一个月里就开了 7 次这样的讨论会。在一次会上，为询问家用电器的顾客，提出了 45 条建议；在另一次会议上，为一次筹款运动，想出了 56 种办法；在再一次会议上，又为如何卖掉更多的毛毯提出了 124 条意见。

第七节　用训练发散思维能力
来培养人的创造力

1959 年，吉尔福特提出的智力结构模型，由操作、内容和结果三个维度构成。发散思维是操作维度中的一个范畴，当它与内容维度中的 4 种范畴和结果维度中的 6 种范畴自由结合时，便构成了 24 种发散思维能力。比如，1999 年高考语文作文的考题是："如果记忆能够移植，那将会产生什么后果。"这便是 24 种发散思维之一的语义蕴含发散思维。2000 年的作文考题：请以"答案是丰富多彩的"为话题写一篇文章。这也是要求用发散思维来写作文。作文提示中的 4 个图形，可以认为是 24 种发散思维之一的视觉类别的发散思维。

吉尔福特认为，训练人的发散思维能力是培养创造力的一种方法。最早应用这种方法开发青年创造力的是玛丽·米克（Mary Meeker），他在加利福尼亚州的埃尔赛贡多建立了智力结构研究所，提出了许多练习法，从事这方面的研究。

除此之外，还有西德尼·帕斯（Sidney Paz）及其助手进行的一项研究，他们以纽约州立大学布法罗分校的大学生为对象，开设了四个学期的创造性研究的课程，结果学生的能力有了显著的提高。

第八节　人类的两大创造法则

人类的创造是原型上的除旧布新，也是突破原型的创造。例如，折叠式缝纫机、能发出音乐的缝纫机、电动缝纫机等都属于原型上的创造，而超声波熔接缝纫机是突破原型的创造。当裁好的衣料进入超声波缝纫机的机头和牙轮时，机器产生的超声波在两块衣料间振动，摩擦热以极高的速度将它们熔接在一起，熔接处平整光滑，比线缝制的更美观、牢固。超声波缝纫这一新技术，突破了将近 400 年历史的针-线-机械缝纫的原型。事物的原型在人们

的意识中根深蒂固，很不容易动摇，所以突破原型是一种难度极大的创造。

突破原型的目的不是创造别的事物，而是创造不同原型的同类事物。例如，医生在包扎伤口或患处时一直使用纱布做绷带，假如创造出不同于纱布的新东西，这就是不同原型的同类事物。美国埃默里大学研制出一种"水性绷带"，这种水性绷带由两层很薄的含有一个水分夹心层的塑料构成，其作用是活动的水通过两层膜渗透，保持伤口湿润，并且可以从伤口深处吸出过量的水分。水性绷带的优点是：能比较容易地去掉伤口的坏死组织，可缩小伤口的范围，促进伤口愈合和新组织生成，减轻伤口疼痛。而俄罗斯人则从树木中提取出某种有效成分，制成能取代纱布绷带的一种以蛋白和多糖为主要成分的膏状体深层绷带。在创口处薄薄地涂一层，即可形成薄膜，这种深层绷带的透气性能极好，并可阻止细菌进入伤口。这两种绷带克服了纱布绷带限制包扎部位活动，妨碍通气和血液循环，需要经常拆换及不便观察愈合等缺点。水性绷带、深层绷带就是与纱布绷带不同原型的同类事物。

突破原型是对某种事物的重新创造。只有从根本上改变某种事物的原理或结构、形式或内容、材料或成分，才能产生这种创造。传统的电锯在加工木料时，有10％的木料变成木屑。英国北爱尔兰一家锯木厂，研制出一种新的加工木料的设备，用这种设备切割木料不会产生木屑，其速度比目前最快的电锯还要快3倍。这种"锯"切割木料时，锯片本身不移动，而是利用滚筒将木料以极快的速度从锯上推过。从锯开到挤开，从有屑到无屑，这就是在锯上实现的突破原型的创造。世界上存在着无数能够达到同一目的的不同事物，任何事物的原型都不是永恒的。夜间照明不会永远用电灯，车辆不会永远离不开车轮，透视不会永远依靠X射线。前人做出的创造都是可以再创造的，只有不断创造，才能突破原型，才能不断前进。

第九节　展开性思维训练开发右脑

以材料、功能、结构、形态、组合、方法、因果、关系等八个方面为"展开点"，进行具有集中性的多端、灵活、新颖的展开训练，以培养创造性思维的能力。

一、材料展开

以某个物品为"材料"，以其为展开点，设想它的多种用途。

例：尽可能多地写出回形针的各种用途。

把纸或文件别在一起；作发夹用；可用来代替西装领带上的别针；打开一端，烧红了可在软木塞上穿孔；拉开一端，能在蜡板或泥地上画图、写字；拉直了，可用作纺织工的针或织针；当鱼钩；穿上一条线当挂钩；可用来固定标签；装在窗帘上代替小金属圈；……

训练题：

1. 尽可能多地写出砖的各种用途。

2. 尽可能多地写出玻璃杯的各种用途。

3. 尽可能多地写出火柴盒的各种用途。

4. 尽可能多地写出废旧牙膏管的各种用途。

5. 尽可能多地写出玻璃瓶的各种用途。

6. 尽可能多地写出塑料薄膜的各种用途。

7. 尽可能多地写出旧食品罐头盒的各种用途。

8. 尽可能多地写出书的各种用途。

9. 尽可能多地写出报纸的各种用途。

10. 有个人用电熨斗去融化积雪，你认为合理吗？尽可能多地写出电熨斗的各种用途。

……

二、功能展开

以某事物的功能为展开点设想出获得功能的各种可能性。

例：怎样才能达到照明的目的？（办法越多越好）

点油灯；开电灯；点蜡烛；用镜子反射太阳光；划火柴；烧纸片；用手电筒；点火把；……

训练题：

1. 怎样才能达到取暖的目的？

2. 怎样才能达到降温的目的？

3. 怎样才能使脏衣服去污？

4. 怎样才能使别人听到的话的声音响一点？

5. 怎样才能达到休息的目的？

6. 怎样使一个物品看起来更清楚？

7. 甲、乙两家仅一板之隔，两家人的声音很大，相互干扰，怎样才能增强隔音的效果？

8. 怎样才能达到锻炼身体的目的？

9. 怎样才能使两样东西粘接起来？

10. 怎样才能使两样东西裂开？

……

三、形态展开

以事物的形态（如形状、颜色、音响、味道、气味、明暗等）为展开点，设想出利用某种形态的各种可能性。

例：尽可能多地设想利用红颜色可以做什么或办什么事。

禁止通行的交通信号；红旗；红墨水；红芯铅笔；红围巾；红喜报；红皮鞋；红袖章；红衣服；红领巾；红封皮的日记本；红皮球；救火车的红色车身；红十字标志；红唇；红色印泥；红灯笼；红头绳；红指甲油；……

训练题：

1. 尽可能多地设想利用黑颜色可以做什么或办什么事。

2. 尽可能多地设想利用铃声可以做什么或办什么事。

3. 尽可能多地设想利用鼓声可以做什么或办什么事。

4. 尽可能多地设想利用粉末状态可以做什么或办什么事。

5. 尽可能多地设想利用浆液状态可以做什么或办什么事。

6. 尽可能多地设想利用圆形可以做什么或办什么事。

7. 尽可能多地设想利用方形可以做什么或办什么事。

8. 尽可能多地设想利用香味可以做什么或办什么事。

9. 尽可能多地设想利用味道可以做什么或办什么事。

10. 尽可能多地设想利用阴影可以做什么或办什么事。

……

四、组合展开

从某一事物出发，以此为展开点，尽可能多地设想与另一事物（或一些事物）联结成具有新价值（或附加价值）的新事物的各种可能性。

例：尽可能多地写出钥匙圈可以同哪些东西组合在一起。

可与小刀组合；可与指甲剪组合；可与小剪刀组合；可与图章组合；可与纪念章组合；可与微型小电筒组合；可与开汽水的扳手组合；可与开罐头的刀组合；可与微型圆珠笔组合；可与微型温度计组合；可与小的工艺品组合；……

训练题：

1. 尽可能多地写出圆珠笔可同哪些东西组合在一起。

2. 尽可能多地写出伞可同哪些东西组合在一起。

3. 尽可能多地写出小刀可同哪些东西组合在一起。

4. 尽可能多地写出电话可同哪些东西组合在一起。

5. 尽可能多地写出书可同哪些东西组合在一起。

6. 尽可能多地写出图画可同哪些东西组合在一起。

7. 尽可能多地写出钟表可同哪些东西组合在一起。

8. 尽可能多地写出诗词可同哪些东西组合在一起。

9. 尽可能多地写出音乐可同哪些东西组合在一起。

10. 利用各种图形做材料（大小可以任意扩缩，但必须保持其基本形态），尽可能多地构成各种物品。

……

五、方法展开

以人们解决问题或制造物品的某种方法为展开点，设想出利用该种方法的各种可能性。

例：尽可能多地写出"吹"的方法可以办成哪些事情或解决哪些问题。

吹气球；吹灰尘；吹疼痛的伤口；吹玩具；吹肥皂泡；热茶吹凉；吹灭蜡烛；吹旺灶火；吹叶片；吹泡泡糖；吹去眼里的灰；吹塑料袋；吹口哨；吹口琴；吹笛子；吹喇叭；吹去橡皮在纸上擦下的脏物；……

训练题：

1. 尽可能多地写出用"敲"的方法可以办成哪些事情或解决哪些问题。

2. 尽可能多地写出用"提"的方法可以办成哪些事情或解决哪些问题。

3. 尽可能多地写出用"压"的方法可以办成哪些事情或解决哪些问题。

4. 尽可能多地写出用"踩"的方法可以办成哪些事情或解决哪些问题。

5. 尽可能多地写出用"拉"的方法可以办成哪些事情或解决哪些问题。

6. 尽可能多地写出用"拔"的方法可以办成哪些事情或解决哪些问题。

7. 尽可能多地写出用"翻"的方法可以办成哪些事情或解决哪些问题。

8. 尽可能多地写出用"摇"的方法可以办成哪些事情或解决哪些问题。

9. 尽可能多地写出用"摩擦"的方法可以办成哪些事情或解决哪些问题。

10. 尽可能多地写出用"爆炸"的方法可以办成哪些事情或解决哪些问题。

……

六、因果展开

以某个事物发展结果为展开点，推测造成该结果的各种原因；或以某个事物发展的起因为展开点，推测可能发生的各种结果。

例：尽可能多地写出造成玻璃杯破碎的各种可能的原因。

手没抓稳，掉在地上碰碎了；被某种东西敲碎了；冬天冲开水时爆裂了；杯里水结冰后胀裂了；撞到坚硬的东西；被猫碰倒，掉在地上打碎了；被弹弓的子弹击碎；被火烧裂；……

训练题：

1. 尽可能多地写出导致日光灯坏了的各种原因。

2. 有一个一年级的新生，在新学期上第一节课时不在教室里，请尽可能多地写出他不在教室里的各种原因。

3. 买东西时常发生少秤的现象，尽可能多地写出重量不足的各种原因。

4. 老王今天下班后未回家，尽可能多地写出老王没有回家的各种原因。

5. 尽可能多地写出随便扔一块石头可能会导致的结果。

6. 尽可能多地写出随地吐痰可能会导致的结果。

7. 尽可能多地写出上课迟到可能会导致的结果。

8. 尽可能多地写出如果每个小学生都戴手表上学，可能会导致哪些结果。

9. 尽可能多地写出如果每户人家都装上了电话，可能会导致哪些结果。

10. 尽可能多地写出如果每个人都是近视眼的话，可能会发生哪些结果。

……

七、关系展开

从某一事物出发，以此为展开点，尽可能多地设想出该事物与其他事物之间的各种关系。

例："你是谁?"尽可能多地写出你与社会各方面及各种人物的关系。

我是老师的学生；我是电影院的观众；我是广播电台的听众；我是小张的邻居；我是百货商店的顾客；我是图书馆的读者；我是北京市的市民；我是共青团员；我是公园的游客；……

训练题：

1. 过去专供儿童阅读的报纸不多，现在我国有几十种儿童报纸。尽可能多地写出这将关系到哪些方面，会发生怎样的变化。

2. 尽可能多地写出太阳与自然界的哪些事物有关系。

3. 尽可能多地写出月亮与人类有哪些关系。

4. 尽可能多地写出塑料薄膜的发明对人类社会产生了哪些影响。

5. 尽可能多地写出一个教师可能与哪些人有关系。

6. 尽可能多地写出火与人类的生活有哪些关系。

7. 尽可能多地写出动物园的大熊猫与哪些方面有关系。

8. 科学家发明了写上字几天后字迹就会自行消失的纸，尽可能多地写出这会使哪些人们发生哪些新的情况。

9. 尽可能多地写出人造卫星对人类工作的影响。

10. 尽可能多地写出望远镜使人类生活发生的变化。

……

第十节　摆脱习惯性思维训练开发右脑

摆脱习惯性思维的训练，被人们称为是"创造性思维的准备活动"和软化头脑的"智力柔软操"。这类训练的意义在于促使人们探索事物存在、发展、联系的各种可能性，从而摆脱思维的单一性、僵硬性和习惯性，以免陷入某种固定不变的思维框架，使思维更具有多端性（流畅性）、柔软性（变通性、灵活性）和独创性（新颖性）。

训练题：

1. 玻璃瓶里装着橘子水，瓶口塞着软木塞，既不准打碎瓶子，也不准弄碎软木塞，又不准拔出软木塞，怎样才能喝到瓶里的橘子水？

2. 某人的衬衣纽扣掉进了已经倒入咖啡的杯子里，他赶紧从杯子里拾起纽扣，不但手不湿，连纽扣也是干的，这是怎么回事？

3. 某人昨天碰到一场雨，他正好未戴帽子，也未撑伞，头上什么遮盖也没有。结果衣服全部淋湿了，但头发却没有一根湿的，这是怎么回事？

4. 某列车驶进一条隧道。奇怪的是，该火车既没有发生事故，也没有出现其他故障，却从某一点开始不能再开进去了，为什么？

5. 一天晚上，老王正在读一本很有趣的书，他的孩子突然把电灯关了，尽管屋子里一团漆黑，可老王仍在继续读书，这是怎么回事？

6. 一只网球，使它滚一小段距离后完全停止，然后自动往反方向运动，既不允许将网球反弹回来，又不允许用任何东西打击它，更不允许用任何东西把球系住，怎么办？

7. 天花板下悬挂两根相距 5 米的长绳，在旁边的桌子上有些小纸条和一把剪刀，你能站在两绳之间不动，伸开双臂，两手各拉住一根绳子吗？

8. 有 10 只排成一行的玻璃杯。左边 5 只内装有汽水，右边 5 只是空杯。现在规定只能动两只杯子使这排杯子变成实杯与空杯交替排列，如何移动两只杯子？

9. 某人说，在合适的一天，他将能在河面上走 10 分钟而不沉入水中。后来他果然这样做了，他是怎么做到的？

10. 汽车司机的哥哥叫李强，可李强并没有弟弟，这是怎么回事？

11. 怎样使火柴在水下燃烧？

12. 两个父亲与两个儿子吃了三个苹果，每人都吃了一个，这是怎么回事？

13. 老王家的自鸣钟每到几点钟就响几下，每逢半点就响一下。一天夜里，老王醒来刚好听到钟响了一下，以后他没睡着，又听到了钟连续响了三次一下。老王什么时候醒来的？

14. 你能否把 10 枚硬币放入同样的 3 个玻璃杯中，并使每个杯子里的硬币都为奇数？

15. 某人在汤里发现一只死苍蝇，服务员向他道了歉，然后把这碗汤带回厨房，重新送来一碗显然是换过的汤。过了一会儿，这个人叫来了服务员。"这碗汤不就是刚才那碗吗？"他生气地说。他是怎么知道的呢？

16. 某女士未带她的驾驶执照，不能在铁路交叉口停车，于是她不顾单向交通信号，以错误的方向沿着单向道越过了铁路。这过程全被警察看见了，但警察未加干涉，这是为什么？

17. 钉子上挂着一只系在绳子上的玻璃杯，你能既剪断绳子又不使杯子落地吗？（剪时，手只能碰剪刀。）

18. 某人能在比赛前告诉你任何棒球比赛的比分结果，他是如何知道的？

19. 如果你口袋里的火柴盒中只剩下一根火柴，黑夜里你走进房间，房间里有蜡烛、油灯及煤气灶，那么你先点燃什么？

20. 有一棵树，树下面的一头牛被一根两米长的绳子牢牢地拴着鼻子。牛的主人把饲料放在离树恰好 5 米处就走开了。这牛很快就将饲料吃了个精光。牛是怎么吃到饲料的呢？绳并没断，也没有被解开的痕迹。

21. 广场有一匹马，马头朝东站立着，后来又向左转了 270°。请问，这时它的尾巴指向哪个方向？

22. 某人长得很胖，但他的一位朋友则恰恰相反，长得骨瘦如柴，而且胃也有毛病。他常看见他朋友去眼科医院，这是为什么？

23. 有人拉着一辆大板车爬一道陡坡，后面还有一个人在帮忙推。路上的行人问拉车的人："后面推车的人是你儿子吗？"那人回答说："是的。"行人又问后面推车的人："前面拉车的是你父亲吗？"后面这人回答："你别瞎

扯!"请问，他们是什么关系？

24. 两女孩一同来到一所学校报名。她俩长得一模一样，出生年月日与父母的名字也完全相同。然而，当教师问她们："你们是双胞胎吗？"她们却异口同声地回答说："不是!"她俩到底是什么关系？

25. 请用六根火柴搭成四个等边三角形。

部分参考答案：

1. 用手将软木塞按入瓶内；9. 结了冰后再行走；10. 是女司机；15. 他先在汤里多放了些盐；19. 先点燃火柴；21. 指向下。

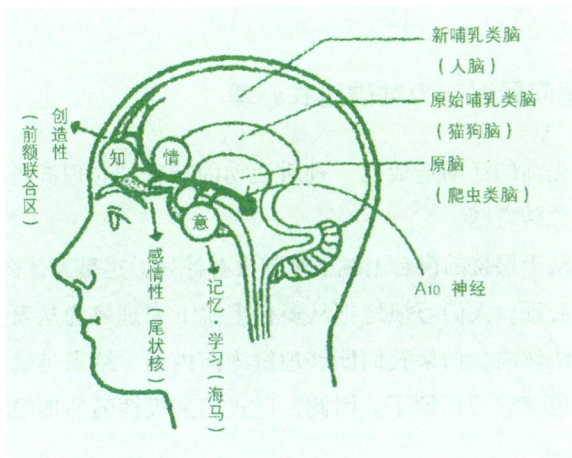

第十一节 "脚用鼠标"使操作效率提高 30％

《深圳晚报》2001 年 2 月 25 日报道：你见过用脚操作电脑吗？深圳实验学校高二学生马启程发明的"脚用鼠标"会让电脑的操作效率提高 30％左右。他将于 2001 年 5 月带着此项发明赴美参加国际最高水平和最具影响的科技竞赛——国际科学与工程大奖赛。

据介绍，马启程的这项发明最早"亮相"于学校的科技节，此后经过完善、改进，于 2000 年夏天在第十届全国青少年科技创新大赛中荣获发明创造一等奖。马启程品学兼优，爱好广泛，2000 年被全国少工委、中国少年科学院评为"百名科学小院士"。

"脚用鼠标"为盒形结构，在盒面的右面板前部有一个滚球，在左面板上方安装上两个开关。使用时，将双脚放置于盒面上，用右脚拨动滚球，以控制电脑上的鼠标指针；左脚踩左开关则相当于点击"鼠标"左键，踩右开关则相当于点击"鼠标"右键；双击、拖曳操作也与普通鼠标类似。

第十二节　生活中的创造性潜能法

我们每个人都有创造性的潜能，那么在生活中如何充分发挥创造性潜能呢？

一、考虑问题时努力突破定式心理

定式是由先前的活动造成的一种对活动的特殊的心理准备状态。有下面这样一道脑筋急转弯题。

有一个人从十层楼的窗台上跳下来却没有摔死，这是为什么？

由于定式心理，人们习惯地把从窗台上跳下来理解为从窗台向外跳，这样问题当然无法解决。如果我们能够理解为向内跳，结果是跳到屋内的地板上，问题当然也就迎刃而解了。因此，定式的刻板性强烈地限制了我们解决问题的灵活性。

二、避免功能固定心理

功能固定心理如提到钥匙马上想到开锁，提到钢笔马上想到写字等。在解决问题过程中能否改变事物固有的功能，以适应新的需要，有时是问题能否顺利解决的关键。比如报纸，一般人都用它来了解信息或者包东西，而马克·吐温笔下的流浪汉苏比则想到把报纸塞到单薄的衣衫下来抵御刺骨的寒风，不能不说是一种创新。

全方位地扩大自身的阅历，提高自己的感性认知：思维作为一种高级的心理过程，是对客观事物进行间接概括的反映。而这种反映是建立在感性经验的基础上的，它需要以感性经验作为材料。在日常生活中，旅游、观看影视片、参观各种展览及直接参与各种实践活动，则是我们获得经验、扩大自

身阅历的最基本也是最有效的途径。

三、锻炼和丰富自己的想象力，敢于标新立异，勇于创新

想象力是人的最宝贵的财富，是创造的源泉，每个人都有想象力，只要平时注意锻炼，想象力是可以提高的。不妨试试以下几个方面：①如果有条件的话，经常动手制作一些东西，对培养一个人的想象力很有好处。②与孩子一块做游戏、搭积木，听孩子讲故事，这可以恢复你的童心，帮你恢复想象力。③不要耻于幻想，因为幻想是科学和社会发展的动力，正是有了古代人想像鱼儿一样在水里游、像鸟儿一样在天上飞的幻想，才有了今天的潜水艇、飞机。在你有了某种新奇的想法以后，把它随时记下来，或许以后随着经验的积累，你将有可能实现它。④充分利用联想，如对比联想、类似联想、遥远联想等。

四、多做脑体操

这里所说的脑体操是指专门为智力和创造力训练所编制的测验，许多题目都是古今中外人们智慧的结晶，这类小册子现在很容易找到，但是要注意：①要每天坚持锻炼；②千万不要先看答案；③从易到难，循序渐进。只要你坚持不懈，你的创造力就一定会提高。

第十一章 右脑学习思维术

第一节 21世纪"新人类"素质

做一个心理健康的人，一个整合的人，是人类发展自身、完善自身的美好愿望与追求。一个人只有心理健康，才能保持身体健康，才能少生病或不生病。一个人只有做到心理健康，才能泰然面对复杂、纷繁的世界，才能从容参与、适应现代快节奏的社会生活。怎样才算心理健康呢？美国心理学家卡尔·兰塞姆·罗杰斯（Carl Ransom Rogers）提出的"未来新人类"，亚伯拉罕·哈罗德·马斯洛（Abraham Hardd Maslow）提出的"自我实现的人"的心理健康的标准影响较大。这里提出的"未来新人类"，绝不是某些作家笔下的那些颓废、无聊、萎靡、放纵、不负责任的人。恰恰相反，"未来新人类"具备如下优秀特点。

一、开朗开放超越小我

人应该具有开朗、开放的人生态度，对世界（个人内在、外在世界）、个人的经验开朗、开放，不固执己见、冷漠、呆板、闭锁，有崭新的视野与生活，有崭新的观念与思想，不断有新鲜的鉴赏力。在日常生活世界中，可以重复敬畏、快乐、满足、惊讶的神秘玄妙的心理体验，可以感受浩瀚澎湃的心潮波澜。他们领悟到人生世界的无尽，在生命中不断寻求生命本身的意义，希望超越小我。

二、活力自信淡泊名利

在生活态度方面并不重视物质享受，而重视生命的过程。清楚地觉察人生是一个经常变化的过程，深知变化过程中存在着困难和危险，但仍充满活力，能面对生活中许多的不肯定，不会惊慌失措，并能容忍新奇和不熟悉事物所带来的疑虑，认为失败和挫折是生命的一部分，具有勇敢及遭受失败时的复原力，具有人生的自信，不在乎物质享受与报酬，金钱、名与位等都不是人生目的。

有的人尽管也懂得要享受丰裕悠然的生活，但却不把这些作为生活的必需品。对现实有较强的洞察力，对周围环境中的人和事物都保持敏锐的警觉。

三、宁静致远进退有度

渴望人生能达到宁静致远的境界，平衡与进退有度。视生活是均衡的，在任何事上很少"过度"。与宇宙融合一致，与大自然和谐共处，倍感亲切。关注生态并照顾生态，能从大自然中获得欢愉。反对将科技用于征服自然世界、控制人类，而且很愿意支持通过科技促进人的发展。

四、爱心互助明辨真伪

渴求人与人之间真实可靠的亲密关系，能与他人建立深厚的人际关系，有吸引力，能叫人欣赏及追随，有选择地交朋友，朋友圈子可能很窄。当别人真正需要时，会很关心并希望自己能为他人提供切实帮助，这种关爱出自内心，不是为某种道德约束，而是对人类有深切的共鸣、同感、同情、怜悯或慈悲仁爱。这种关心基于人性的本质。重视沟通中的诚实，反对文化和体制中的虚假、伪善和欺骗，能明辨虚伪和欺诈，并准确洞悉现实情况，而不会因个人困境产生错觉。他们信任自己的经历和自己作出的道德评价与道德判断。对于不公平的事物，会公开反对与不服从。

五、整合心灵思维统一

渴望成为整合的人。不喜欢支离分割的内心世界，努力争取过一个整合

的人生，个人的思维、感受、身心、心灵等在个人的经历中，都能有良好的整合。

六、自我接纳直面现实

能够认识和接纳自己人性中的种种缺点，种种不完美、软弱和短处；不会因为存在不足而感到羞愧罪过，或因此否定自己。

不但接纳自己，而且也接纳和尊重别人，故也不会批评别人的这些缺点。诚实、开放、真挚，不装腔作势，不遮掩文饰，也不自满。对自己、对他人及社会的现状极为留心，同时更关心如何改善现实与理想之间的差距。具有自发性，不受传统惯例的束缚，不是顺命者，不是盲从附和的人，但也不会只为叛逆而做叛逆者。其行动动机不因外界刺激而产生，而基于内在个人成长发展的动力和自我潜能的实现。

七、关注社会尽职尽责

以问题为中心。心理健康的人都不会以自我为中心，而会将目光都集中在自己以外的问题上。更富有使命感，常常基于尽责任、尽义务和尽本能的意识行事，并不依照个人的偏好为人处事。

八、超然脱俗处变不惊

有超然脱俗的本质、静居独处的需要。心理健康的人懂得享受人生。

第二节　赌博与概率论

《大术》一书的作者意大利医生兼数学家吉罗拉莫·卡尔达诺（Girolamo Cardano，以下简"卡尔达诺"），据说曾大量地进行过赌博。他在赌博时研究的不输的方法，实际是概率论的萌芽。

据说卡尔达诺曾参加过这样的一种赌法：把两颗骰子掷出去，以每个骰子朝上的点数之和作为赌的内容。已知骰子的六个面上分别为 1~6 点，那么

赌注下在多少点上最有利？

2	3	4	5	6	7
3	4	5	6	7	8
4	5	6	7	8	9
5	6	7	8	9	10
6	7	8	9	10	11
7	8	9	10	11	12

两个骰子朝上的面共有 36 种可能，点数之和分别可为 2~12 共 11 种。从上面的数字排列中可知，7 是最容易出现的和数，它出现的概率是 1/6。

卡尔达诺曾预言说押 7 最好。

现在看来这个想法是很简单的，可是在卡尔达诺的时代，这应该说是很杰出的思想方法。

在那个时代，虽然概率论的萌芽有些进展，但还没有出现真正的概率论。

17 世纪中叶，法国贵族德·美黑在骰子赌博中，由于有要急于处理的事情必须中途停止赌博，要靠对胜负的预测把赌资进行合理的分配，但不知用什么样的比例分配才算合理，于是就写信向当时法国的最高数学家帕斯卡请教。正是这封信使概率论向前迈出了第一步。

帕斯卡和当时第一流的数学家费尔玛一起研究了德·美黑提出的有关骰子赌博的问题，于是一个新的数学分支——概率论登上了历史舞台。概率论从赌博的游戏开始，完全是一种新的数学，现在它在许多领域发挥着越来越大且十分重要的作用。

第三节 "电脑屏幕鼠标" 作文法

你一定很熟悉电脑的屏幕，你更不会不知道电脑屏幕上鼠标的作用。你看，有了屏幕，你的面前就可以出现各种各样的图像或项目；而有了鼠标，使用"放大"功能，你只要点到屏幕上图像的任何一个部分，那部分就会扩展开来，把原本那粗略的、纲领性的部分变得宽阔、清晰、细致起来。

譬如说，屏幕上是一幅人像。如果你用鼠标的"放大"功能点到这幅人

像的鼻子上，那么这个人的鼻子就会变得很大，以至于占据了屏幕的整个画面。这样一来，这个鼻子就要清楚得多。你要进行描写也就容易得多，你可以看见这个鼻子的两翼、鼻骨的轮廓、鼻孔里的鼻毛，也许还有鼻涕……

你还可以用鼠标的"放大"功能点一点这个人的眼睛，那就更丰富了。因为人的眼睛是"心灵之窗"，你可以看见这个人的眼睫毛是卷曲的，一根根略向上翘起。还有，他的瞳孔是蓝色的，充满了柔情。再仔细看，瞳孔里面还有一个人的脸，你认真辨认一番，原来那个人就是你自己……

如果你理解了电脑的这一性能，就应该联想到，我们在写作的时候也会出现诸如以上的局面。

譬如说，要描写一幢房子。从描写和介绍的角度，我们总是先要把房子总的结构和面貌写一写，这等于是在电脑的屏幕上给人一个总括的全部的印象。

而如果这幢房子的大门很有特色的话，你又得细细地观察这幢房子的大门。这是两扇硕大的黑漆铁门，由一根根的圆铁棒构成，上面镶有弯曲的铁条组成的对称的花纹和图案，给人一种威严而又富丽堂皇的感觉——现在，等于你把鼠标指向了房子的大门，在屏幕上就展示出这扇大铁门的具体模样了。

如果你觉得大铁门还有不少特色可以介绍的话，还可以把你的"鼠标"指向大铁门的某一个地方，譬如说铁门的把手。只要轻轻点击，铁门的把手就被放大了，你只要细细观察，就能够把铁门的把手描写得非常具体而详细……

再譬如，你无意中注意到了墙壁上的各式各样的不同形状的斑点，此刻如果你把鼠标指向这些墙壁上的斑点，把这些斑点一个个地放大了，会发现什么呢？你一定会发现一个从来没有见到过的十分有趣而类似于童话的世界。

说到这里，使人想起了影视片中的"特写"镜头。

许多时候，影视片不正是用类似"鼠标"的放大功能来向观众展现具体的人物形象的吗？你看，一个杀手正悄悄地朝被害者走去（是整个的人物背影）。两秒钟后，是他的两只穿着大皮鞋的双脚（"鼠标"点到他的脚部）；4秒钟过后，是他的右脚的皮鞋后跟（"鼠标"点到他的皮鞋的后跟）；过了一会儿，皮鞋挪开了，剩下一处略微下陷的泥土印。倘若我们将"鼠标"指向

这片泥土，就会发现这片泥土立刻放大了，原来是一个明显的皮鞋后跟印，左边略浅而右边略深……你看，运用影视的"特写镜头"，或者说运用"电脑屏幕鼠标"作文法去观察、描写某个杀手的行径，将传递出多少有价值的信息啊！（将留下多少蛛丝马迹啊！）

不知道你是否读过著名的《福尔摩斯探案》，小说中塑造的伟大的侦探福尔摩斯，就是一位最会运用"鼠标"对事物现象进行观察的人物。当然，在福尔摩斯的时代，还没有发明电脑，他也不知道什么叫做"鼠标"，但是你有没有注意到，福尔摩斯的身边总是忘不了带上一只放大镜。对了，在这里，放大镜就是他的"鼠标"。对一切可疑的事物，他总是要用放大镜去仔细地研究一番，这样就等于是把这样东西放大了，东西一经放大，也就更加便于观察了。

譬如，有一位太太刚走进福尔摩斯的办公室，这位大侦探就指出太太是从乡下来的。为什么呢？因为在她的左手的袖子上有几粒极小的泥巴斑点。而当一位先生在下雨天走进他的办公室，他立刻发现了这位先生的右脚有点儿瘸，为什么呢？因为他的右脚的潮湿脚印没有出现鞋跟的印迹。

说穿了，"电脑屏幕鼠标"作文法的主要基础还是在于你的观察力和观察方法，只要你观察的方法改进了，你的写作方法也就自然会有所改进。

学了"电脑屏幕鼠标"作文法后，你写人物时就会不断地把"鼠标"深入地指向他，甚至是他嘴巴旁边的一粒痣；写他的衣着，就会把"鼠标"不断地指向他的衣领、衣袖、衣袖下的油垢、衣袖磨损的边沿或者衣袖下方被碰坏了的只剩了一半的纽扣……

写他的行动，你会把"鼠标"指向他那背在后背的双手，指向他像弹钢琴似的不断跳跃着的手指，指向他无名指上戴着的一只硕大无比的金戒指。更进一步，你还可以把"鼠标"指向金戒指上部镌刻着的花纹和图案……总而言之，只要你还想继续描写，几乎可以不间断地描写下去。

请在你的脑海里竖起一面"屏幕"吧！请在你的手中永远捏着一次"鼠标"或者放大镜吧！有了它们，你的写作能力就会出现一个飞跃！

第四节　豆浆变成豆腐脑

豆制品，人人爱吃。早晨喝的豆浆、豆腐脑，菜品里的砂锅豆腐、麻婆豆腐，还有豆腐丝、豆腐干……花样可多呢！单是豆腐做的菜，一个盛大的宴席还摆不开呢！

大豆起源于中国，古称"菽"。培育大豆在我国已经有四五千年的历史了，豆类含有丰富的蛋白质，每 100 克黄豆含蛋白质 36 克多，在各种食物里遥遥领先。近年来，日本和美国出现了"豆浆热"，男女老幼喜爱喝豆浆，商店里出售各种各样的豆浆制品：橘子豆浆、咖啡豆浆……各种豆腐菜、豆腐罐头也一跃成为畅销的新颖食品。

但是，炒黄豆和油炸黄豆不容易消化，能够被身体吸收的养分连一半都不到。煮黄豆好一些，吸收率也只有 65.5 ％。豆浆和豆腐就比较好消化，其中 85 ％~95 ％的蛋白质能被身体吸收。

豆腐是怎样做成的呢？把黄豆浸在水里，泡胀变软后在石磨盘里磨成豆浆，再滤去豆渣煮开。这时候，黄豆里的蛋白质团粒被水簇拥着不停地运动，仿佛在豆浆桶里跳起了集体舞，聚不到一块儿，形成"胶体"溶液。

要使胶体溶液变成豆腐，必须点卤。点卤用盐卤或石膏，盐卤主要含氯化镁，石膏是硫酸钙，它们能使分散的蛋白质团粒很快地聚集到一块儿，成了白花花的豆腐脑。再挤出水分，豆腐脑就变成了豆腐，豆腐、豆腐脑就是凝聚的豆类蛋白质。我们喝豆浆，有时就是在重复这个豆腐制作过程。有人爱喝甜豆浆，往豆浆里加一匙白糖，豆浆没有什么变化。有人爱喝咸豆浆，在豆浆里倒些酱油或者加点盐，不多会儿碗里就出现了白花花的豆腐脑。酱油里有盐，盐和盐卤性质相近，也能破坏豆浆的胶体状态使蛋白质凝聚，这不就和做豆腐脑的情形一样吗？

豆浆点卤，出现豆腐脑；豆腐脑滤去水，变成豆腐；将豆腐压紧，再榨干去些水，就成了豆腐干。原来，豆浆、豆腐脑、豆腐、豆腐干，都是豆类蛋白质，只不过含的水有多有少罢了。牛奶和豆浆差不多，也是胶体溶液。在新鲜的牛奶里，酪素（也就是蛋白质）包裹着奶油，在水里分散开来，不

停地运动。所以，牛奶总是均匀的乳白色液体。让牛奶发酵，做成酸牛奶，酪素就聚集起来凝结成块，像豆腐脑似的。

第五节　串联巧记历史年代

时间是构成历史事件、历史现象的基础要素之一，因此掌握历史时间是学习研究历史的基本功。那如何记忆纷繁的历史年代呢？如果善于发现、归纳历史年代之间的联系，就会大大减少记忆难度，达到事半功倍的效果。

一、年代间隔记忆

1. 间隔 1 年的历史事件

例如：220 年魏国建立；221 年蜀国建立；222 年吴国建立。

2. 间隔 2 年的历史事件

例如：1911 年辛亥革命爆发；1913 年二次革命爆发；1915 年护国运动爆发。

以次类推，可用间隔 3 年、4 年等串联记忆重要历史事件和年代。

二、年代持续记忆

1. 持续 1 年的历史事件

例如：1915-1916 年，护国运动。

2. 持续 4 年的历史事件

例如：公元前 206 年-公元前 202 年，楚汉战争；1861-1865 年，美国内战；1914-1918 年，第一次世界大战。

3. 持续 8 年的历史事件

例如：1775-1783 年，美国独立战争。

三、中外对比记忆

1689 年，中俄签订《尼布楚条约》；英国通过《权利法案》。

1861 年，清政府设立总理衙门，慈禧联合慈安、恭亲王奕訢发动辛酉政变；俄国农奴制改革；美国南北战争爆发。

四、公元前后对比记忆

例如：

公元前 1894 年，古巴比伦王国建立；1894 年甲午中日战争爆发。

公元前 476 年，中国春秋时期结束；476 年西罗马帝国灭亡，西欧奴隶制崩溃。

公元前 221 年，秦统一中国；221 年蜀国建立。

五、同年顺序记忆

例如：

1927 年的重大历史事件：4 月，"四一二"反革命政变；5 月，"马日"事变；7 月，"七一五"反革命政变；8 月，南昌起义；9 月，秋收起义。

这些历史年代之间的联系像一条条线，把分散的历史事件串联成一串串"项链"，既好看又好记。

第六节　心理疲劳与用脑过度

人们通常把疲劳分为生理疲劳和心理疲劳两种。前者主要针对劳动而言，主要表现为肌肉酸痛、疲倦、无力等；后者主要针对脑力劳动而言，疲劳的主要表现为心情烦躁、注意力涣散、思维不敏捷、反应迟钝等。

心理疲劳的一个明显标志是学习与工作效率降低，而长期的心理疲劳会影响心理健康，使人心情压抑、百无聊赖、心烦意乱、精疲力竭，甚至出现神经衰弱症状，如头痛头昏、记忆力减退、失眠、怕光等，还可能发生其他心理性疾病。

一般情况下，人们比较注重减轻体力劳动强度，改善劳动环境，注意劳逸结合和其他心理卫生要求，这对保护健康确有益处。专家则特别建议脑力劳动者劳逸结合，注意脑力劳动中的心理卫生。科学家提倡脑力劳动者注重

对其所从事的脑力劳动的兴趣，使脑力劳动环境的安静程度及光线照明符合卫生要求，认为这些对消除心理疲劳有益。

脑力劳动疲劳的信号是心理疲劳感觉，这种疲劳感是人体器官或主要细胞（离细胞等）对继续工作的抵触，疲劳信号提示机体已经需要休息，需要调整和恢复，应该停止工作，以睡眠或者娱乐、体育活动（或体力劳动）等积极方式促进大脑功能的调整。此时，若强制大脑继续工作，则会加重心理疲劳，造成脑细胞的损伤或使脑功能恢复发生障碍。

很多人在现实生活中喜欢采用各种脑兴奋措施来消除心理疲劳感，以继续完成工作。例如：烟草是作家刻苦写作的兴奋剂；诗人则是以酒助兴；西方人则喜欢抽雪茄、饮咖啡，或者使用其他兴奋物质来振奋自己，或以意志力来强迫自己战胜疲劳，以达到继续学习和工作的目的。

但是，医学研究表明，只有改善细胞的生理过程，才能促进细胞疲劳的恢复。因此，人们常用的兴奋大脑、强迫大脑继续工作的方法会加重心理疲劳，加重细胞损伤，对机体十分有害。

要消除心理疲劳，避免用脑过度对身体造成损伤的关键是强调劳逸结合，体脑结合，科学用脑。科学用脑最重要的措施是顺应大脑活动的生理节律，强调劳逸结合，体脑结合，切忌长时间以各种强制手段增加脑力劳动的负荷。

第七节　搞笑背单词

背单词的过程是枯燥的，在经过了一天紧张的学习后，可以用下面的方法检查一下今天记住了多少。

根据中英文的谐音，使背单词成为一种趣味性活动。

peevish	"劈为尸体"	暴躁的
hermit	"何处觅她"	隐士
bauble	"抱吧"	不值钱的珠宝（才让你随便拿）
scrooge	"死固执"	吝啬的
howler	"好乐"	滑稽可笑的错误

howl　　"号、嚎"　　咆哮，大声哭笑

belle　　"贝勒"（格格之类的）　　美女

stamina　　"斯塔姆"（荷兰足球队前国脚后卫）　　体力、耐力好

torrid　　"太热的"　　酷热的

lynch　　"凌迟"　　以私刑处死

lasso　　"拉索"（东北方言）　　绳子

bale　　"背"（东北方言：点背）　　灾祸，不幸

dolt　　"逗他"　　蠢人

parsimonious　　"怕失去 money"　　节俭的

dross　　"渣滓"　　浮渣，糟粕

cacophony　　"卡壳"　　刺耳的声音

lassitude　　"懒散态度"　　没精打采的

dart　　"打他"　　飞标

fen　　"粪"　　泥沼，湿地

大家可以触类旁通，增加学习的兴趣。

第八节　家庭教育八大注意

一、父母是孩子的模仿对象

家庭教育的特点是潜移默化、言传身教。孩子的可塑性大、模仿性强，父母的一言一行、一举一动实际上都是在以身示范，无时无刻不在对孩子施加影响。对于0~3岁的婴幼儿而言，父母的影响更大，因为人的个性特点大多是在这一时期奠定基础的，而这一时期的孩子接触最多的就是父母。因此，孩子在家庭中所学到的一切，包括说话的语调、动作、走路姿态、性格和品德等都会打上父母的烙印。所以有人说，孩子是父母的镜子。

二、别老是夸"人家的孩子"

父母要教育好孩子，首先就要了解孩子的年龄特征和个性特征。年龄特

征是指一定年龄阶段的生理与心理发展水平及特点，如孩子在幼儿期特别喜爱游戏和故事，父母采用做游戏和讲故事的方法来教育孩子，便能取得事半功倍的成效。倘若一个劲地讲大道理，效果肯定不好。个性特征是指每个孩子各自具有的性格特点，如有的孩子性格外向，活泼好动；有的则性格内向，腼腆、安静。因此，对孩子不能采用千篇一律的教育方法。父母学一点儿童心理学知识非常重要，应该经常注意观察和研究自己孩子的个性特征，并站在孩子的角度去观察其所思、所为及其心理需要。在家教过程中，千万不要用"人家孩子怎么的"来衡量自己的孩子，因为每个孩子都有自己的个性特点。

三、孩子一样有自尊心

有些父母从未意识到孩子也是有自尊心的，一味求全责备或轻视孩子的点滴进步，在不经意中伤害了孩子。自尊心是影响孩子健康成长的重要心理因素，尊重孩子不仅能促进孩子自信心、自尊心的发展，还能培养孩子的创新精神及行为控制能力。自尊心受到损害的孩子，在发展中必然会产生心理障碍，如自卑感和对抗心理等。因此，父母必须时刻注意尊重孩子，及时肯定和鼓励孩子的点滴进步。

四、从小教起，从小改正

0~3岁是孩子身心发展最迅速的时期，此时孩子的可塑性大，培养良好的品德及性格最易取得成效。同样，如果孩子有某种不良行为习惯，在这个时期纠正也最容易。

五、别总盯着孩子的缺点

父母对孩子进行教育时，对于其表现出的良好行为给予肯定和表扬，会使孩子感到高兴，以后自然愿意再重复这种良好行为，这种做法称之为正强化。但有些父母的眼睛却总是盯住孩子的缺点，并翻来覆去地讲这些缺点，这就称之为负强化。负强化不仅改变不了孩子的不良行为习惯，反而容易强化这种习惯。例如，有些孩子有偏食的毛病，父母甚为着急，希望孩子改掉，逢人便说："这孩子只吃鱼、肉、蛋，蔬菜不沾边……这可怎么办呢？"孩子出现越管越糟的现象，往往由父母惯用负强化所致。

六、决不护短

每个孩子都有优缺点，但有不少父母只爱听对孩子的表扬和赞美之辞，如果有人批评自己的孩子，往往很不高兴，就是自己发现了孩子的缺点也是大事化小、小事化了。有的父母还想方设法为孩子开脱、辩解，甚至指责别人，其实这不是爱护孩子的正确做法。孩子的短处往往是越护越短，将来铸成大错，父母会悔之莫及。

七、不用暴力"征服"孩子

有些父母认为"不打不成才"，常用粗暴的态度对待孩子，从而带来许多不良后果。首先，孩子的神经系统十分脆弱，粗暴的态度会使其精神紧张，有损其身心健康，并可造成两代人的感情隔阂。其次，孩子因为慑于暴力，往往不敢向父母讲实话，久而久之容易养成说谎话、不诚实的恶习。最后，孩子的模仿力强，以后可能也会成为粗暴之人。所以，父母采用高压手段来"征服"孩子的做法是很不明智的。

八、不把电视当成"保姆"

现在，为数不少的父母为图省事，把电视当成孩子的全日制"保姆"，这对孩子的身心发展是不利的。首先，让孩子长时间看电视，会直接妨碍亲子间的语言和感情交流，也不利于孩子口头表达能力的发展。其次，整天让孩子看电视，势必减少孩子的户外活动和人际交往，对视力也有不良影响。最后，看电视所需要的是被动注意力，若看得太多，不利于发展认真学习的主动注意力，以致学习时注意力不能持久集中，做事易疲劳。因此，孩子看电视要有选择，时间不宜太长。父母首先要管理好自己，别让孩子成为自己的"陪看"。

第九节　天才可以"克隆"吗

2001年，《哈佛女孩刘亦婷》这本讲解教育方法的书曾在中国热销一时。有报道说，青岛一位5岁的孩子因为不满母亲按照"哈佛女孩刘亦婷"的成长模式对她进行培养，强烈抗议："我讨厌刘亦婷，我再也不想学习了。"

原来，母亲在读了《哈佛女孩刘亦婷》这本书之后，就开始在这个孩子身上"做实验"，结果原本开朗听话的孩子变得孤僻暴躁，不得不求助于医生。在纷繁复杂的图书市场，《哈佛女孩刘亦婷》《轻轻松松上哈佛》《我家笨笨上剑桥》等类似的书籍炙手可热，高居书籍销售排行榜前列。望子成龙的父母恨不能把别人的成功经验在自己的子女身上复制。

世界上没有两片相同的叶子，对子女的培养也要因人而异。父母在借鉴别人的经验之前，最需要做的是与子女沟通与交流。你真的了解你孩子的兴趣与爱好吗？你知道他想成为一个什么样的人吗？父母也许会说，现在的社会竞争太激烈，自己这样做是为了给孩子的将来创造更好的条件，可是让孩子这么小就承受如此压力，他能健康成长吗？

每个人都有选择自己生活方式的权利，在通往成功的路上，不是只有一个标准，也不是只有一个模式，更不是每个人都能够成为天才。即使拼尽全力营造出与"天才"一模一样的外部环境，但未来的收获依然是个未知数！与其邯郸学步，还不如从关心孩子的一点一滴开始，要做到因材施教，根据实际情况来进行调整，方能培养出一流的人才。

第十节　"胡说"一词的由来

人们经常把有些人办事或说话不符合实际或不符合规定称为"胡来""胡说"。为什么要这么说呢？说起来，它的历史渊源还真够久远的。

"胡来""胡说"始于东晋之后，史称这一时期为"北方游牧民族内迁"。"胡人"是古人对我国边远地区少数民族的称呼。当时由于西晋王朝的腐朽，北方游牧民族迁入中原，赶走了西晋统治者，统治了西晋。

　　由于汉族封建统治者说话、办事完全以当时的汉族封建礼法为依据，而"胡人"因文化背景的不同，并不以汉人的礼法为依据，所以当时的汉人把"胡人"的礼教称为"胡说""胡来"。到后来，汉人的一些不符合规定的说法和做法也被称为"胡说""胡来"了。这两个词反映了当时封建统治者对少数民族的一种歧视。

第十二章　右脑工作思维术

第一节　怎样建立自己的人际网

　　人作为社会中的一员，肯定少不了与其他人相互交往。但交往不仅仅是我们表面上看到的双方相互通通话而已，它应该包含更深一层的含义，那就是在交往双方之间建立一种良好的关系和友谊。而在现实生活中如何进行交往是有许多技巧和经验可循的，下面笔者就提供一些成功与人交往的技巧，仅供大家参考。

　　要与关系网络中的每个人保持积极联系，唯一的方式就是创造性地运用自己的日程表，记下那些对自己人际关系特别重要的日子，比如生日或周年庆祝等，在重要日子打电话给朋友们，至少给他们寄张贺卡让他们知道你心中想着他们。

　　选几个自认为能靠得住的人组成良好、稳固、有力的人际关系的核心。这首选的几个人可以包括自己的朋友、家庭成员和那些在你职业生涯中彼此联系紧密的人。他们构成你的影响力内圈，因为他们能让你发挥所长，而且彼此都希望对方成功。这里不存在勾心斗角的威胁，他们不会在背后说你坏话，并且会从心底为你着想，你与他们的相处会愉快而融洽。

　　与人交谈时尽可能地推销自己。当别人想要与你建立关系时，他们常常会问你是做什么的。如果你的回答平淡似水，比如只是一句"我是电脑公司的一名职员"，你就失去了一个与对方交流的机会。比较得体的回答是："我在一家电脑公司负责软件的开发工作，主要开发一些简单实用的软件程序。平时闲暇时，经常打打乒乓球、羽毛球，并且热爱写作。"在短短几秒钟的时间里，这样的回答不仅为你自身增添了色彩，也为对方提供了几个话题，说不定其中就有对方感兴趣的。

不要花太多时间维持对自己无益处的老关系。当你对职业关系有所意识，并开始选择可以助你一臂之力的人时，你可能不得不卸掉一些关系网中的额外包袱。其中或许包括那些相识已久但对你的职业生涯无所裨益的人。维持对你无甚益处的老关系只会意味着时间的浪费。

时刻提醒自己要遵守关系网络的规则，不是"别人能为我做什么"，而是"我能为别人做什么"。在回答别人的问题时，不妨再接着问一下"我能为你做些什么？"

多出席一些重要的场合。因为重要的场合可能会同时汇聚不少老朋友，利用这个机会你可以进一步加深一些印象，同时可能还会认识不少新朋友，所以对自己来说很重要的活动，无论是升职派对，还是朋友的婚礼，一定要参加。

遇到朋友升迁或有其他喜事要记得在第一时间赶去祝贺。当你的关系网成员升职或调到新的组织中时，要祝贺他们，同时也让他们知道你个人的情况。如果不能亲自前往祝贺的，最好通过电话来表达一下自己的祝贺。

当朋友之间建立了稳固关系时，彼此会激发出强大能量，他们会激发对方的创造力，使彼此的灵感达到至美境界。为什么将你的影响力内圈人数限定为 10 人呢？因为强有力的关系需要你一个月至少维护一次，所以 10 个人或许已用尽你所有的时间。

如果朋友遇到困难，应及时安慰或帮助他们。当他们陷入低谷时，打电

话给他们。无论你关系网中谁遇到麻烦，都要立即与他通话，并主动提供帮助，这是表现支持的最好方式。

在交往中不能总做接受者。如果你仅仅是个接受者，无论什么网络都会疏远你。搭建关系网络时，要做得好像你的职业生涯和个人生活都离不开它似的，因为事实上的确如此。

第二节　十招告别工作低潮

一、重塑自信

自卑是工作最大的敌人，所以你要做的第一件事是寻回自信。拿出当年你在大学里参加辩论赛时的玉树临风，参加唱歌比赛时的风姿绰约，还有参加百米跑比赛时的飒爽英姿，告诉自己："I'm always best!"，我永远是最棒的！

二、热爱工作

既然这份工作是自己选的，就要相信自己的眼光，决不轻言放弃。要坚信，暂时的不顺利只是小插曲，峰回路转，前面一定是一片光明，只是"革命尚未成功，同志仍需努力"。

三、小憩减压

如果长期的工作压力令你举步维艰，不妨请假进行一次旅行，可以去欧洲、东南亚，可以去青岛、桂林，也可以去市郊看看小桥流水、田园风光。

四、学习充电

如果你的压力是源于自身的不足，学习充电就是你的最佳选择。下班时经过报摊随便买两份报纸，至少能看到一大箩筐招生启事。上至 MBA 下至插花打字，按需挑选，一定能好好学习，天天向上。

五、勤于运动

大部分白领的生活都与运动无缘，而长期缺少运动亦会导致精神倦怠，这时"运动疗法"对你来说就尤为适用。不管是不用花钱的晨跑、跳绳，还是需要资金投入的游泳、有氧操、舍宾，一定要选择自己感兴趣的项目，只有保持兴趣才能坚持不懈。

六、学会相处

当你苦于难以和上司及同事相处时，殊不知你的上司或同事可能也正在为此事焦虑。要学会真诚待人，当然真诚并不等于无所保留、和盘托出。相处的最高境界是永远把别人当作好人，但却永远记得不可能每个人都是好人。

七、适时释放

在上班前、午休时和下班后，给自己安静和谐的 10 分钟，可以在茶坊、咖啡店，可以在街心花园，也可以在忙碌的人群中，只为一份悠然自得的轻松释放，只为一份孤芳自赏的美丽。

八、改变形象

改变心情不妨从改变形象开始。是否记得影片《前妻俱乐部》中的主人公们，当她们决定为自己讨回公道时，改变形象成为至关重要的一点。可见形象对人的重要性。

九、制造环境

工作效率的高低往往与工作环境有着不小的关联。告别那些杂乱的文件、庸俗的摆设和枯萎的植物，把它们换成漂亮的文件夹、彩色的便条纸、时尚有趣的小摆设和常绿的观赏植物，相信好心情会从此开始。

十、另辟蹊径

如果以上方法均告无效，最后一招就是另辟蹊径，天涯何处无芳草，世

界上总有一项工作是适合你的，英雄不怕无用武之地。一旦遇到合适的职业和岗位，端正态度，告别心理低潮，以全新形象投入，你准能成为一个"职场明星"。

第三节　记住别人姓名的技巧

世界上天生就能记住别人名字的天才并不多见。而一旦你掌握了记住别人姓名的技巧，它就能使你在人际关系和社会活动中占有很多优势，因为对一个人来说，自己的名字是世界上听起来最亲切和最重要的声音。它不但是获得友谊、达成交易、得到新的合作伙伴的通行证，而且能立即产生其他礼节所达不到的效果。

一、要集中精力

当你在第二次与人见面10秒钟后还在绞尽脑汁追忆这个人那被忘却的名字时，那是因为你与其初识时注意力没有集中。发生这种情况主要是因为我们只专心于我们自己。

如果你在别人自我介绍时未能集中注意力，就应该礼貌地请他再重复一遍。

在大型聚会上，你应该预先决定自己要注意哪一位，因为谁也不能一下记住好几个陌生人的名字。如果你告诫自己"我要特别注意经理妻子的名字"，你就会记住它。如果你在参加社交活动前，提前对这些名字和头衔有所了解，在你第二次听到这些名字时，就会很快地回想起来。

二、脸庞形象化

如果你只想通过死记硬背来记住别人的名字，可能会很快将它们忘掉。但假如你对别人的名字和脸庞赋予难忘的戏剧化的形象，你就会轻易地记起它们。

记住新名字的最佳办法就是采用"联想-夸张"法，在两个不相同的事物之间构成一定的联系。具体办法是：当你刚刚结识一张新面孔后，要聚精会

神地凝视他的脸庞，看是否有特别令人感兴趣、吸引人或与众不同之处，如头发是否又黑又整齐、眉毛是否很浓、眼睛是否特别明亮等，从这些特点中选出一个，然后再通过夸张等方式储存到记忆中去。如果某人的眉毛特别重，可将它比喻为一把利剑或刷子。

三、恰当的联想

一旦你已经记住了某人的特点，要通过最基本的甚至是有趣的联想将这个人的名字转换成一个难忘的形象。其中最简单的联想所产生的效果最佳。主要的联想方式有颜色联想、年代联想、地名联想、物体联想等。

当你为一个新名字找到了戏剧性的形象时，就要将它配到那个具有明显特征的人的脸上。如果你能使这些形象互相作用、影响，就会轻易地回忆起这个人的名字。如果一个人的名字很不一般，不妨请他做些解释。许多外国人的名字第一次很难记住，那就请他讲讲名字的源出及拼法，这也是一种明智的做法。

四、不断重复

认识一个新朋友后，在与他的交谈中，要尽可能多地在合适时重复他的名字，这样在谈话结束时，这个名字已深深地刻在你的脑海里了。事后，你也可能要将这人的名字及你所记住的形象写下来，为将来的进一步加深印象做好准备。

训练自己记住别人的名字可能需要多次锻炼，而一旦你掌握了这一门技巧，人们肯定也会记住你。

第四节　七种不良习惯影响你晋升

在公司里我们常常会看到这样的情况：一位员工工作技能水平很高，但却常常无法按时完成工作任务或与他人无法和睦相处，从而导致考评结果不合格，最终影响了在公司中的职位晋升。

分析发现，该员工的问题并非出在工作技能中，而是在工作习惯

（working custom）中。良好的工作习惯有助于将工作技能顺利地应用到具体工作中，可能还会弥补工作技能的不足，从而高效地完成工作任务。不良的工作习惯起到的作用恰恰相反。

下面就是几种不良的工作习惯，希望我们能认真了解，并与自己的工作习惯相对照，来发现自己的不足。

一、不注意与直接上级的关系

直接上级是你的直接领导，也是你工作的直接安排者和工作成绩的直接考评者。搞好与上级的关系不是让你去溜须拍马、阿谀奉承，而是要注意经常与上级沟通，了解上级安排工作的意图，一起讨论一些问题的解决方案。这样可以更顺利地完成自己的工作。

二、忽略公司文化

每个公司都有自己的企业文化，无论公司是否宣传这些文化，它都是客观存在的。特别是新员工，在刚来公司时一定要留意公司的企业文化。企业文化通俗地讲，就是企业的做事习惯，不注意这些习惯就会与其他人格格不入。

比如公司员工经常加班加点地工作，而你却非要按时来按时走，一分钟都不愿在公司多呆，这种不良的工作习惯势必会影响你在其他员工心中的印象。

三、对他人求全责备

每个人在工作中都可能出现失误。当同事在工作中出现问题时，应该协助他去解决，而不应该只做一些求全责备式的评论。特别是在自己无法做到的情况下，让自己的下属或别人去达到这些要求，很容易使人反感。长此以往，这种人在公司就会没有任何威信可言。

四、出尔反尔

已经确定下来的事情，却经常变更，就会让你的下属或协助员工无从下

手。你做出的承诺，如果无法兑现，会在大家面前失去信用。这样的人，公司也不敢委以重任。

五、行动迟缓

在接受到工作任务之后，应该立即着手行动。很多工作都是多名员工相互协作开展的，由于你一人的迟缓而影响了整体工作的进度，会损害到大家的利益。有些时候，某些工作你可能因为客观原因无法完成，这时你应该立即通知你的上级，与他讨论问题的解决方案。无论如何，都不应该将工作搁置，去等待上级的询问。

六、一味取悦他人

一个真正称职的员工应该针对本职工作存在的问题向上级提出建议，而不应该只是附和上级的决定。对于管理者，应该有严明的奖惩方式，而不应该做"好好先生"，否则虽然暂时取悦了少数人，但会失去大多数人的支持。

七、传播流言

每个人都可能会被别人评论，也会去评论他人，但如果议论的是关于某人的流言蜚语，这种议论最好停止。世上没有不透风的墙，你今天传播的流言，早晚会被当事人知道，又何必去搬石头砸自己的脚？

第五节　职场新人新观念新问题

2001年10月，在飘柔职场新人自信学院主题班会上，搜狐CEO张朝阳作为特约嘉宾，就职场新人最感兴趣的诸多问题谈了自己的看法。而在同年11月3日，同样的主题培训在上海举行，做主题讲座的是疯狂英语创始人李阳。

从2000年到2001年，我国第一批独生子女大学生陆续走出校园，走向社会。独苗长大的他们一走向工作岗位便呈现出与有着兄弟姐妹陪伴长大的

"前辈"不一样的就业观念和为人处世的态度，有人称他们为职场新人。

一位资深人力资源部经理这样描述这群职场新人：他们对传统的观念很不以为然，他们特立独行，不愿被社会、职业改造，他们敢于接受挑战，思维尤其独特。那么，他们独行侠般的工作行为和理念在现代社会应该称为新观念呢还是新问题呢？

一、自信还是自负

小胡今年从复旦大学毕业了，留在了实习时的一家公司。与她同时进公司的同事要么学历没她高，要么学的专业没有她好，她说自己心里是很有优越感的。当领导要她从最基础的工作做起时，她觉得以她的条件实在是大材小用了。一次，在计算效益时，她把一笔投资存款的利息重复计算了两次，公司账面上多出了整整两亿元，虽然最后没有造成实际损失，但整个公司的财务计划被全部打乱了。小胡说当时心里没觉得问题特严重，她说这就像做错了一道数学题，改过来下次注意就是了。而在公司同事的眼里，这孩子把自己的能力估计得太高了，自信是应该的，但过度自信就成了自傲和自负。

北京大学生物系毕业的小梁曾在某报社干过一段时间，一次报社派他去一家幼儿园采访，对象是国内第一位搞学前教育的博士，他在听完博士的演讲后，起身向博士提问，并开始滔滔不绝地向博士和在座的家长发表自己的"不同见解"。喧宾夺主的他最终引来一片嘘声，事后家长们打电话到报社表示抗议。小梁说，他其实并没有把那位博士看作权威，他觉得他们两人是平等的，应该可以像朋友一样交流不同的看法。小梁对自己充满自信，权威、领导在他的眼中并没有被神秘的光环笼罩着，他不会对这些人"犯怵"。而在领导和权威看来，这样的年轻人缺乏起码的谦虚精神，总让人觉得他们太"狂"，有点没轻没重、没大没小。他们有着初生牛犊不怕虎的冲劲和闯劲，可是对自己却没有一个客观的评价和认识。

二、是个性太强还是缺乏沟通

来自黑龙江的小金刚到新单位一周就开始抱怨工作环境的无聊与烦闷了。从法律系毕业，原本想当律师的她为了留在北京，最终选择了到郊县做一名公务员。远离家乡，远离城里的同学，一个人住在空荡荡的宿舍里，对于一

个习惯了有人照顾的女孩来说，落差实在太大了。同事多为人到中年的大叔大妈，本来就内向的她便更不愿意与人交谈。"谈什么呀，他们说话我根本就插不上嘴，也没有那个兴趣插嘴。整天枯坐在屋子里，都快把人闷死了！"这种状态也直接影响到了她的工作，每天例行公事上班之后，干完分内的事她就抱着外语书看。同事觉得这个小姑娘不太好相处，也就渐渐地疏远她，结果到单位半年时间，小金连一半的人都认不全。

这种现象对于刚走出校门的年轻人来说并不罕见。一直习惯了在自己的世界里生活，突然被推到一个群体当中，是保持自己的个性还是尽快融入另外一个陌生的环境，这是个很难的选择。"跟一群无趣的人混在一起，还不如坚守自己的空间。"事实却是，如果真诚待人，你还是会发现别人身上的亮点。在一个学姐的开导下，小金有意识地与周围的同事接近，结果发现其实他们也有自己鲜明的个性：木讷的老赵会写一手漂亮的毛笔字；年过半百的李姨唱民族歌曲是一绝；平时油嘴滑舌的张哥，骨子里却是一个很有爱心的人。交流多了，大家也都把小金当女儿或者小妹妹看待，有什么事都关照她。小金也发挥自己文笔好的特长，成为单位小有名气的"女秀才"。这时候，以往的孤独感、失落感就再也没有了。

专家指出：长期处于父母羽翼下的独生子女一代有强烈的个性是很正常的，而要适应大的环境，与人沟通的本领却往往是他们所欠缺的。

三、应该忠诚于自己还是应该忠诚于单位

北京大学毕业的小梁在一年内把自己折腾得不亦乐乎，光工作就换了不下五次。除了做过记者，他还先后去过制药厂、做过 IT 网站供稿人、网络技术员等，后来偶然看了一场法语音乐剧《巴黎圣母院》，他迷上了法国，现在正学习法语，希望早日能圆法国梦。一切的原因只有三个字——"我喜欢"。小梁认为，对于工作，自己喜欢是最重要的。他说："我跳槽是想实现自己的理想，这需要我不断地寻找，如果我对某项工作产生了兴趣，我就会去尝试，让我永远待在一个地方是不可想象的，我就是爱一行才干一行。"

小韩是个上海小伙，今年刚从北京大学考古系毕业，他的同学大多读了研究生，他本想回上海，但终因舍不得北京的朋友而留在了北京。他坦言，对于毕业后要不要有一份固定的职业他一点都不在乎，他没有想过要忠诚于

某个单位。现在是一家报社的实习记者，他说，到报社是因为收入不错，而且做记者对提高自己的素质很有帮助，能帮自己更全面地了解这个社会。他觉得自己目前最缺的是能力，不管在哪个行业发展，最重要的是要能提升自己的能力。他认为，只有能力达到了一定的水准，才能考虑自己究竟喜欢什么。他希望能在一个可以不断鼓励自己发挥创造力的环境里，做自己喜欢的事。说到以后的打算，他也许会选择出国，因为现代社会变化太快，行业的调整和人才的更新都非常迅速，中国与世界的交流也越来越频繁，出国也是提高能力的好方法。

还在四川大学就读的小叶已经做好了毕业后的打算，她准备先找一个能有较高收入，可以发挥自己特长，而自己也感兴趣的工作，不一定是正式的，干个一年半载，然后考研或出国。目前很多企业和大学生在媒体上就大学生违约的问题展开讨论，争论的核心是大学生的责任和诚信问题，有些大学生与用人单位签订就业协议后，找到更好的单位就立马走人。"干一行爱一行"曾经被视为从事一项职业应该有的精神，而职场上的新人们强调：对社会负责的前提是对自己负责，在这个多元化的社会里，为什么不可以"爱一行干一行"呢？

四、自信、团结协作精神是天生的还是可以培养的

一个人的自信和团结协作精神能通过培训获得吗？毕业于复旦大学，现就职于一家大型保险公司的周昱认为，自信与团结精神可以通过个人的观察和体验获得，这是一个漫长甚至需要付出许多代价的过程。培训则可以让一个人在短期内从别人的经验中取得借鉴，至少在理论上得到一种指导作用。

这一代年轻人在展现个性了过程中表现出的自负和自傲，这使他们在融入工作环境方面显得缓慢和困难。这是因为他们缺乏团队合作的精神，做项目都自己一个人做，不愿和同事一起想办法，每个人都会做出不同的结果，最后却对公司一点儿都没有。这时，公司就应该做一些引导的工作，比如一些培训，让他们体会团队共同创作的快乐，体会一个人的成功不是真正的成功，团队的成功才是最大的成功。有关专家也告诫年轻一代：社会不同于学校、岗位不同于教室、同事不同于同学，年轻人本身也要有意识地提高自己适应社会的能力，不能因为一味强调个性发展而出现一些过于偏激的行为，

无论是对社会、对职业或是对自己来说，谦虚、自信、诚信、善于沟通、团队精神等一些传统美德都是非常重要的。

一位专职培训师告诉笔者，通过大量典型的案例对新员工进行分析，让员工理解自信与团结协作精神在一个企业或在个人事业发展中都非常重要。另外，可以做一些大家必须通过众人团结协作才能完成的游戏（如钻蜘蛛网等），让员工切身体验团结协作的重要性。她介绍说，过去在中国招聘员工，更多的是看重个人的领导能力如何，但是从去年开始，公司在中国招聘员工时发现新员工的个性化表现越来越浓厚，团结协作精神越来越缺乏，今年这个问题尤为突出。经过分析可能与这一代人都是在独生子女的背景下长大有关。笔者从一些知名外企了解到，这些企业在今年和明年招聘的新员工考核条件中，团结协作精神将成为企业聘用新员工的一个重要考虑因素，许多公司在面试过程中就通过有意或无意设置的情景来观察应聘人员的团结协作能力。

第六节　什么样的人容易升职

一、有正确的是非观

好恶分明，不优柔寡断，能针对主题，不在乎周围人的看法，大胆地表达自己见解的人，很受现代企业老板欢迎。有创新思路的人将为企业注入新的活力，能给企业经营方向开阔思路的人才是公司所急需的人才。

二、具有合作精神

轻松愉快地与他人交谈，和谐地与人相处，往往是你广结良缘，或成为团体领导者的先决条件。企业希望员工与公司客户保持良好的合作关系，从而建立最佳的企业形象。

三、自身拥有青春活力

公司希望拥有一批健康、热情、有活力、主动积极、有冲劲的年轻人。

具有这些优点的你即使开始时业绩不太好，别人也乐意帮助你；相反，如果你缺乏激情，动作缓慢、迟钝，那么其他方面的评价也会跟着受影响。

四、勇于认错，懂得服从，心存感激

偶尔失败乃必然之事。但你在遭遇挫败时是否坦然接受自己的错误；在接受上司的劝告时，你能否虚心接受，之后再找机会陈述自己的意见；情绪低落时是否会保持冷静；等等。这些方面都会体现出一个人的内在素质。

第七节　成功跳槽靠的是什么

跳槽是一门学问，也是一种策略。"人往高处走"固然没有错，但是说来轻巧的一句话，却包含了为什么"走"、什么是"高"、怎么"走"、什么时候"走"，以及"走"了以后怎么办等一系列问题。

那么，当面临跳槽时，如何才能顺利地完成跳槽，从而取得职业的成功呢？

首先，要确定你跳槽的动机是什么和自己是不是需要跳槽。大致来说，一个人跳槽的动机一般有如下两种：一是被动的跳槽，即个人对自己目前的

工作不满意，不得不跳槽，这里又具体包括对人际关系（包括上、下级关系）、工作内容、工作岗位、工作待遇、工作环境或工作条件、发展机会的不满意等方面，如果你与上司关系不融洽，觉得得不到发展，你自己也感觉无法适应目前的环境，那么恐怕就要考虑换个环境试试了；二是主动的跳槽，即面对着更好的工作条件，如待遇、工作环境、发展机会，自己经不住"诱惑"而促使自己跳槽，或者寻求更高的挑战与报酬，比如你发现自己的能力应付目前的工作绰绰有余，并且发现了自己真正感兴趣的工作的时候，就不妨考虑换个工作试试。

无论如何，当你具备跳槽动机的时候，就是你跳槽行动的开始。但是，为了跳得更"高"，你在跳槽前不妨先问自己下面的问题。

①是什么原因让你不满意现在的工作了？

②你想跳槽经过慎重考虑了吗？还是一时的情绪？尝试做自我调整了吗？

③跳槽会使你失去什么，又得到什么呢？

④适应新的工作或环境、建立新的人际关系需要你付出更多的精力，你有信心吗？

⑤你的背景和能力能适应新的工作吗？

⑥你是为了生活而工作，还是为了工作而生活？

⑦你有没有职业目标？新的工作是不是为你提供了一个清晰的职业方向？

⑧征求过专家的意见吗？有没有咨询过职业顾问？

如果对上面的问题的回答是"是"，那么你可以接着考虑下面的问题。

①你要跳过去的公司能为你提供的职位是什么？如果比你现在的职位还低你能接受吗？

②新的工作要求你从头做起，你有这个心理准备吗？

③你在目前的公司里工作多久了？一般来说，在一个公司的工作至少应该满一年，否则它不会为你提供非常有价值的职业发展依据。

④你应何时跳槽？最好的状态是在目前工作进展顺利时跳槽，那么你的职业含金量会大大提升。

⑤你实事求是地评估自己的能力了吗？你的优点或特长是什么？你有哪些不足？回答这个问题时要求你既不要好高骛远，也不要自甘弱小。

一旦决定跳槽，你就要大胆地付诸实施。这时你需要选择恰当的跳槽时

机，以下是职业咨询顾问提醒你跳槽时应当注意的事项和建议你的比较妥当的做法。

①知己知彼：查阅与目前公司签订的劳动合同，明确自己是否受违约金等条款影响、离职手续办理难易程度等，做到心中有数。

②尽可能收集新公司的信息及可能要求自己提供的项目，做到有备无患。

③设计简历：准备一份职业化的简历，你可以寻求职业顾问的帮助。

④有时候根据自己的工作经历和能力，借助猎头公司应聘也不失为一种有效的策略。

⑤递交辞呈：向原公司递交辞职信，做好离职过渡期的安排。记住千万在拿到新公司的"Offer Letter"以后再向原公司递交辞职信。

⑥与人为善：虽然你应聘成功了，虽然你可能"痛恨"原来的公司，但是也不要在背后恶言冷语，你哪天还会"用"到原来的公司，这谁也说不准。

你也在准备跳槽吗？你知道跳槽之前应该做什么吗？当你开始认真思考这些问题的时候，说明你开始关注自己的职业发展了。但是，你必须明白：跳槽并不意味着你就能够取得职业的成功，这个时候寻求职业顾问的帮助才是理性的做法，因为职业顾问会告诉你什么是正确的跳槽，什么是你应该选择的职业方向。一句话：职业顾问会帮助你取得职业生涯的成功！

第八节　职业生涯开始之道

新人进入新环境，每个人都在注意你，善待工作的每一天，是你职业发展进步的阶梯。

通常来说，适应新的工作环境需要三个月的时间，而组织往往也是通过这三个月的见习期来对你做出初步评判并决定取舍的，这是你树立形象、打开局面至为关键的三个月。这期间给别人留下的印象良好、富有工作魄力，可能你会受到重视，闯出自己的一片天地来；若留下一个坏印象，如"懒散拖拉、工作不专心努力"，可能你会在组织中很久都"翻不过身"来。在进入组织之初的双方磨合过程中，必须有个深刻的、清醒的自我认识，不妨时时提醒自己注意融入组织之初的言行举止。以下是一些对你可能有用的建议。

一、理解、适应组织的文化

组织文化是一个组织长期以来形成的不可言传而靠自身行为来体现的信仰、价值观和行为态度等的总和。每个组织都有自己明确的文化体系或不成文的无形规则，了解这些"规则"有助于加快你的适应和发展，也只有认同组织文化，才能有彼此协同发展的可能。为了能够尽快融入组织，你必须学会观察，特别是了解某些针对个人修养和职业道德的不成文规范。如不深入了解这些游戏规则，你在日后的工作中会"碰钉子"，而且你可能永远也意识不到你是在犯别人接受不了的错误。也许你在应聘面试时就感受到了这些，但真正领会组织的价值观和行为准则，还要花上几个月的时间。对员工手册上的组织规章制度，也需要一个渐进的过程才能理解深刻。你需要着重弄清的几点是：企业文化的精髓是什么？对员工的要求有哪些？哪些规章制度被严格地遵守着？哪些没有？不成文的规章制度又是什么？作用如何？如果违反会是什么后果？所有这些必须尽量通过工作实践理解。

有时，你也许会看到有些实际做法与组织所倡导的"文化"并不相吻合，你可能会失望。但从长远来看，你的职业满意度取决于你个人的信仰和价值观与组织文化的"匹配"程度，如果你不想另寻发展的话，主动适应组织文化就是很重要、很迫切的事情。

二、承担适当的工作任务和责任

对于刚进入组织的新人来说，首要的工作就是向领导证明雇用你是正确的，对他们是有价值的。很多毕业生不明白这一点，他们的特点就是急于表

现自己，主动承揽过多的工作任务。这样做的后果是要么你脱颖而出，要么你因此"身败名裂"，因为个人能力毕竟有限，如此的例子并不少见。乐于接受组织派遣并主动要求分外的工作是好现象，但自己要把握好"度"。要想取得真正巨大的成功，千万别干有违你性格和超出自我能力的事，也别鼓动领导过早地给你一个大显身手的机会，毕竟生活刚开始，要谨记自己不是"超人"。组织并不会过分要求你，最好专注于自己力所能及的较重要和较紧急的工作，把一件事做好比每件工作都弄不好要理想。如果你聪明的话，应该对工作与生活有一个正确的认识，善于发现寓于工作的乐趣，体味"工作着是美丽的"的感觉，对新人来说是有益的开始。要做一个称职开心的职员，在岗位上努力不懈、勤奋、踏实，一步一个脚印且富有激情。

三、告别"办公室兵法"，建立良好人际关系

每个组织里都有一些爱说长道短的人丰富着办公室生活，他们口中的"规则"更被总结为"现代办公室兵法"。别人可能会很热情地向你诉说本单位的是是非非，甚至同事间的隐私、矛盾和冲突等，有些是可以听进耳内的，但决不应忽视自己应有的分析能力，如不了解事情的来龙去脉和组织内部的人事关系深浅，最好还是保持缄默。对于职业新人来说，"办公室兵法"可能是个职业陷阱，还是远离一点为好。全身心地投入新工作中，表现出自己对待现有工作的基本态度和积极性，这不仅是给管理者的一种表现和暗示，更是自我形象的直观展示，利于自我打开新局面。尝试尽可能地多花些时间与同事进行工作及业务上的交流合作，共同处理棘手的工作，注意在合作中向同事学习，发现组织的工作规范和习惯。善于发现组织里被大家所认可的工作"礼仪"和习惯，对领导和同事表现出足够的尊重，尊重是建立良好人际关系的绝对前提。例如，你应该知道谁可以直呼其名，谁需要带上"先生"或"领导"等尊称。这样，按照组织中约定俗成的习惯去做可能会产生一体感，从而减少局外人的感觉。在此基础上，争取与他人友好相处，处理好业务与私事之间的关系，和谐友好的人际关系是你成功的一半，如果同事们都觉得你很讨人喜欢，可能会尽量帮你，那么这将有助于你的事业蒸蒸日上。波士顿心理学家哈里·洛拉尼（Harry Lorayne）说过，商业圈里很多聪明能干的才子佳人最终失败的致命原因通常是性格过于张扬，亲和力太小，摩擦

力太大。知识经济时代是个强调协作制胜的时代，单枪匹马闯不出大名堂，因而要"合作、合作、再合作"，并切实将其作为自我工作的信条。

四、得体的修养

待人接物、言谈举止会给人留下深刻的印象，反映出一个人的道德修养水准。得体的言谈举止应该表现得亲切、热情、有礼貌、有理智、讲道德、讲信用。待人接物中，一方面要忌"傲气"，不应自以为是、目中无人、夸夸其谈；另一方面，要忌"谦卑"，不应缺乏自信、过分腼腆、唯唯诺诺。还应注意不要过于随便和不拘小节，你眼中的小节可能是别人眼中的大问题，如坐在办公桌上会客，用公家电话聊天等，这些举止都有损于自我形象。

信用是职业人的第二生命。承诺时要注意量力而行，一旦允诺就要给个结果，否则就要斟酌一番，尽量不破坏自己的声誉形象。尤其是注意上、下班的准时，上班迟到、下班早退是最要不得的，作为新员工需要树立一个好的形象和口碑——你在全身心地、很投入地工作。刚刚上班立足未稳，尽量早点来、晚点走，主动干一些诸如打水、扫地、整理内务的活儿，这是每个新上岗的人员都应做的事情，也是争取别人好印象的着眼点。迟到早退、行为懒散，往往会给同事留下坏印象。

五、工作要紧张有序、富有条理

要设法使自己忙碌起来，避免出现容易引起别人意见的无所事事的情况，最起码要有职业的感觉，闲暇时可翻阅一些与工作有关的文件、档案资料，收集整理一些有关的资料以备后用等。对于领导交办的工作任务，应尽心尽力，力争高效、高质量地完成。这对你能否留下良好的第一印象至关重要。此外，保持自己的办公环境光亮、整洁，文件摆放要做到井井有条，如果把你的办公环境弄得乱七八糟，显然不会给人留下好印象。

新人进入新环境，每个人都在注意你。善待工作的每一天，是你职业发展的进步阶梯。

中层干部是在一个单位里担任着重要职责的人，他要上传下达，要承担领导交给的任务，还要带领着本部门的人往前冲，要替"自己"的人谋求"好处"，总之是件挺累心的活儿。所以，中层干部应该多与上级领导交流、

沟通，应该让上级随时都知道你和你的部门在做些什么、进展到了什么程度、做得好不好，所以常常跟领导"唠嗑儿"几乎可以看作他们的主要工作内容，而不仅仅是"拍马屁"那么简单。即便是作为一名普通员工，在见到领导的时候，多说一说工作上的事情，告诉领导你想了些什么、想怎么做，一来表明你对工作是很上心的，领导自然会认为你是个敬业的员工；二来领导可能给你一些意见和建议，这也对你的工作很有好处。毕竟，在一个以市场为导向的单位里，他能做到领导的位置，就表明他有过人之处，值得学习。所以，无论怎么说，多跟领导接触，对你的职业生涯都是件极有好处的事。

最怕的就是见了领导像见了"恶狗"一样，扭头儿就走，要不就勉强打个招呼，一低头就过去了。那样领导说不定以为你在工作上出了什么问题，是不是你的部门领导跟你有矛盾了，还是你自己出了什么差错怕领导知道，保不齐还会以为你在外面兼职呢，要不怎么见了领导就像耗子见了猫似的。这种员工要么是真的有什么事情不愿意被领导知道，要么就是"清高"，要么就是对自己的工作成绩缺乏自信。第一种情况就不说了，第二种情况的利害关系前文也已经叙述清楚，第三种情况实在大可不必。也许你是对自己要求太高了，对自己总是不承认、不满意，也许领导并不像你自己认为的那样也觉得你成绩不好；即使你真的是比别人差些，只要你工作努力了，领导也并不会看不起你。相反，把你的"痛苦"告诉他，他也许会给你一些好的建议，让你的思路一下子豁然开朗呢。

总之，领导不可怕，不要见了就绕着走。多跟领导沟通，这只有好处，没有坏处。

后 记

　　本书在编著过程中参考和引用了大量材料，许多理论的提出也是在前人的基础上完成的，在此谨向右脑开发的研究专家和朋友们表示衷心的感谢。由于部分材料的来源渠道不详，未能一一标明出处，望能谅解，若有任何问题，请与作者联系。

　　由于时间及经验关系，书中内容缺陷难免，读者及同人若有疑义，欢迎来信指正！

　　若幸能对国内的学习者有所帮助，这则是笔者的一大欣喜！

李源记忆心理研究室